# SOUVENIRS

## D'UN VOYAGE

# EN ITALIE,

Par A.-A. Fillemin,

MEMBRE DU CONSEIL DE PRÉFECTURE DU DÉPARTEMENT DU LOT.

. . . . Mi giovera narrar' altrui
Le novità vedute, e dir' : io fui.
(Le Tasse. *Gier. Liber.*)

CAHORS:
Imprimerie de J.-G. Plantade.

1851.

# SOUVENIRS
# D'UN VOYAGE
# EN ITALIE.

# SOUVENIRS

## D'UN VOYAGE

# EN ITALIE,


Par A.-A. Fillemin,

MEMBRE DU CONSEIL DE PRÉFECTURE DU DÉPARTEMENT DU LOT.


. . . . Mi gioverà narrar' altrui
Le novità vedute, e dir' : io fui.
(Le Tasse. *Gier. Liber.*)




CAHORS:
Imprimerie de J.-G. Plantade.

1851.

. . . . forsan et hæc olim meminisse juvabit.
VIRGILE, *Énéide liv.* 1er.

Les voyages offrent deux genres d'agrément bien distincts. L'un actuel et nécessairement passager : celui de parcourir des pays célèbres, de voir et d'étudier des objets d'un haut intérêt ; l'autre plus durable, mais tout d'imagination : celui d'emporter avec soi l'image des lieux qu'on a visités, de pouvoir évoquer par la pensée tout ce qui a frappé les yeux, attiré l'attention ; en un mot, de se souvenir de ce qu'on a vu.

Le premier de ces agréments est rarement sans embarras, sans ennuis ; le second est presque toujours plein de charmes et remplit l'âme d'une douce satisfaction. Grâce à la précieuse faculté de se souvenir, l'homme centuple ses jouissances. Les contrées qu'il a parcourues, les chefs-d'œuvres qu'il a admirés, les mille et un épisodes qui accompagnent le touriste, forment autour de lui comme un merveilleux mirage sur lequel il aime toujours à arrêter ses regards. Vus à quelque distance, les contrariétés, les tracas eux-mêmes, ne sont pas toujours dépourvus d'un certain charme; ce qu'ils ont de trop pénible s'efface peu à peu, et la mémoire n'offre plus que d'agréables tableaux et de riantes images. Le souvenir de tant d'impressions diverses, mêlé à ce vague plaisir qu'on éprouve toujours à se reporter au temps qui n'est plus, passe alors sur l'esprit comme une rosée bienfaisante et repose la pensée si souvent obsédée par de douloureux souvenirs ou de graves préoccupations.

Le souvenir, présent céleste,
Ombre des biens qui ne sont plus,
Est toujours un bonheur qui reste,
Après tous ceux qu'on a perdus.

Cependant, il ne faut pas l'oublier, le temps qui dévore tout autour de nous, *tempus edax rerum*, le temps nous enlève chaque jour une parcelle de ce fragile bonheur. Nos souvenirs à la fin nous échappent, et il arrive un moment où l'esprit n'aperçoit plus que confusément et à travers un nuage qu'épaississent sans cesse les années, tout ce qui, naguères, était pour nous une source toujours nouvelle de satisfaction.

Contre ce danger, il n'est qu'un seul remède. Il n'est pour nous qu'un seul moyen de disputer au temps sa proie, c'est de déposer nos souvenirs sur le papier. Il faut le faire sans précipitation et sans trop attendre. Il faut le faire lorsque ces souvenirs sont assez frais pour être exacts, et qu'ils remontent assez loin pour n'offrir ni prolixité, ni sécheresse.

C'est ce que j'ai essayé dans les pages qu'on va lire. Ecrites uniquement dans le but de conserver la mémoire d'un voyage qui me sera toujours cher, elles n'ont aucune sorte de prétention. Si l'on n'y trouve pas toujours de l'intérêt, si le style révèle l'inexpérience de l'auteur, si l'abondance des détails indique souvent un narrateur trop plein de son sujet, on y trouvera du moins la vérité et une scrupuleuse exactitude. Peut-être ce mérite pourra-t-il, à défaut d'un autre, obtenir pour ce récit l'indulgence de ceux qui y jetteront les yeux.

# ITINÉRAIRE DE ROME A NAPLES,

## PAR CEPRANO ET LE MONT-CASSIN.

Vedi Napoli e poi mori !
(*Dicton napolitain.*)

# I

## Avantages et dangers d'un long séjour en Italie.

Pendant les deux années que j'ai consacrées à parcourir l'Italie, j'ai eu plus d'une fois l'occasion de plaindre les étrangers que leurs goûts ou la nécessité obligent à voyager au pas de course pour ainsi dire, et sans prendre le temps de revoir et d'examiner à loisir tout ce qui s'offre à leur curiosité. De même qu'en musique une seule audition est presque toujours insuffisante pour faire apprécier un morceau ou un opéra; de même, en voyage, il faut souvent revenir plusieurs fois devant une œuvre d'art, un site, un monument, pour le bien comprendre et en goûter toutes les beautés. Traverser rapidement un musée, parcourir d'un œil distrait les tableaux d'une galerie; s'arrêter quelques instants dans une église; regarder par la portière d'un carosse un arc de triomphe, un obélisque, un vieux pan de murailles; subir chaque jour, pendant quelques heures, l'érudition suspecte et les dissertations stéréotypées d'un *custode* ignorant et bavard; se mettre à la remorque pendant plusieurs semaines d'un *cicerone* à gages qui prend votre admiration à l'entreprise et se charge de diriger votre enthousiasme; puis, courir chercher ailleurs d'autres pays, d'autres impressions, ce n'est pas là ce que j'appelle voyager.

Pour goûter, pour comprendre un pays, il faut du temps, des loisirs. En voyage, ce sont quelques fois les jours perdus qui comptent le plus. Si l'on ne fait que passer ou étudier, on ne garde aucune impression des lieux; il faut des jours vides d'action pour qu'ils puissent être remplis d'images; il faut presque s'être ennuyé dans un pays pour le bien connaître, et les jours qui semblent perdus sont souvent ceux qui sont le mieux remplis.

Ainsi, comment ne pas rêver en voyant à Rome des jeunes filles du peuple faire sécher leurs vêtements sur les colonnes du temple de Jupiter-tonnant, et ce Forum, dont le nom seul évoque tant d'héroïques souvenirs, aujourd'hui transformé en marché aux bœufs? Comment ne pas s'arrêter des heures entières devant ces thermes grandioses élevés par le dernier persécuteur des chrétiens et où les religieux de Saint-Bruno célèbrent paisiblement leur office? A Naples, les asyles sacrés de la mort, d'élégants *colombaria*, sont devenus d'ignobles celliers; les vieilles dalles de ces magnifiques voies romaines qui virent passer les invincibles légions du Peuple-roi, sont maintenant réduites à servir de murs de clôture, et Palerme voit les fidèles adorer la Vierge et le Christ dans des mosquées élevées par la piété des sectateurs de Mahomet!

En présence de ces contrastes saisissants qui s'offrent à chaque pas dans ce vaste musée qu'on appelle l'Italie méridionale, comment rester froid, comment n'être pas ému jusqu'au fond de l'âme? Comment surtout ne pas plaindre ceux qui ne peuvent éprouver ces délicieuses impressions, et sont forcés de se contenter de ces [illegible] qui finissent par ne plus causer [illegible] que beaucoup de fatigue et d'ennui, et ne laisser dans l'esprit qu'un souvenir confus et fugitif.

Et d'ailleurs, un pays ne se compose pas seulement des monuments qui le couvrent, il comprend encore le peuple qui l'habite. Le caractère, les usages, les mœurs, les habitudes de la vie, forment un sujet d'études intéressantes auxquelles on ne peut se livrer qu'en séjournant assez longtemps dans la même ville. Il n'est pas rare de voir des personnes qui ont parcouru l'Italie sans avoir eu occasion d'adresser un mot à un Italien, et bon nombre de ces touristes que tourmente sans cesse un avide désir de nouveauté, m'ont assuré avoir oublié, pendant leur voyage, l'italien qu'ils avaient appris à Paris.

Ce n'est point ainsi que j'aime à voyager. Des circonstances favorables m'ayant permis de prolonger mon séjour en Italie au gré de mes désirs, j'habitais Rome depuis huit mois, lorsque je songeai à la quitter. Je m'apperçus alors que, comme toutes les choses de ce monde, les voyages accomplis comme je le comprends, avaient aussi leurs inconvénients.

Lorsqu'on a parcouru une ville pour visiter ses palais, ses ruines, ses musées, il est toujours facile de la quitter pour aller voir d'autres ruines, d'autres palais, d'autres musées. L'esprit conserve alors sa pleine liberté, et dès que sa première curiosité est satisfaite, il n'aspire plus qu'au besoin de voir de nouveaux objets. Il n'en est point ainsi, lorsqu'on a eu le temps de se mettre en rapport avec les habitants, et lorsqu'un assez long séjour et des relations suivies sont venues resserrer des liens souvent formés par le hasard. C'est là le grand inconvénient d'une résidence prolongée. On arrive dans une ville, on y cherche quelques connaissances, quelques rapports de société, puis au moment ou l'on a pu trouver des amis, quelques personnes heureuses de vous recevoir, vite il faut partir pour aller ailleurs chercher de nouvelles amitiés destinées à être brisées comme celles qu'on vient de quitter. Ces séparations sont d'autant plus pénibles, qu'en pareil cas, on a presque toujours la certitude de ne pas se revoir. Oiseau de passage par excellence, l'étranger revient bien rarement aux lieux qu'il a parcourus, et lorsque l'heure de son départ a sonné, il s'éloigne et disparaît pour ne plus revenir.

Habitués, depuis longtemps, à voir passer ces légions de touristes qui, chaque année, viennent semer chez eux leur argent en échange des impressions et des souvenirs qu'ils emportent, les Italiens ont instinctivement de la répugnance à établir des rapports intimes avec les étrangers. On comprend facilement qu'ils craignent de contracter des liaisons qui doivent être rompues au bout de quelques mois ; ce n'est pas moi qui leur en ferai un reproche, et je n'hésite pas à les absoudre des accusations que notre caractère, naturellement mobile et léger, a souvent portées contre eux à cet égard.

Toutefois, il serait injuste de le méconnaître, les Français sont bien accueillis partout en Italie ; leur esprit vif et expansif, la renommée qui, à tort ou à raison, les présente comme le peuple le plus spirituel et le plus poli de l'univers, leur rend partout l'accès facile. Dans son ardeur de tout voir, de tout étudier, de tout connaître, le Français se présente volontiers partout. Accueilli d'abord par curiosité, il est reçu ensuite avec intérêt. La tournure piquante qu'il sait donner aux choses les plus indifférentes, sa conversation animée, cette verve qui ne tarit jamais, étonnent d'abord et charment ensuite. On se sent ébloui, entraîné par cet esprit à facettes qui aborde tous les sujets et discourt sur tout avec un aplomb imperturbable. Les difficultés mêmes qu'il éprouve à s'exprimer dans une langue qui n'est pas la sienne, prêtent un charme de plus à sa conversation. Il estropie les mots avec tant de grâce, bat en brèche la grammaire avec tant d'assurance que, loin d'être choqué de ses fautes de prononciation et de ses barbarismes, on regretterait presque qu'il parlât correctement. (*)

Cependant, malgré toute la satisfaction que peut éprouver un Français qui se trouve bien accueilli par une famille italienne, il n'est pas toujours prudent de *jouer avec le feu*. Toutes les Syrènes n'habitent pas le golfe de la séduisante Parthénope ; et tel qui crut pouvoir s'abandonner sans crainte aux charmes d'un accueil affectueux et d'une douce intimité ; tel qui pensa goûter impunément le dangereux plaisir d'entendre une jolie bouche romaine parler un pur italien *(lingua toscana in bocca romana)* ; tel qui ne craignit pas de braver l'éclat des prunelles des petites-filles des Portia, des Julie et des Cornélie, put s'apercevoir un jour que les antiquités n'étaient peut-être pas ce qui l'intéressait le plus à Rome, et que les règles de la prudence commanderaient toujours aux fils de Brennus de se retirer devant les filles de Camille.

(*) Quelques jours avant mon départ pour Naples, une jeune Romaine me faisait quelques observations sur des mots impropres ou mal prononcés, et comme je lui faisais remarquer que je les avais toujours dit ainsi : « Je le sais bien, me dit-elle en riant aux » éclats et me montrant deux magnifiques rangées de perles ; mais » j'ai tant de plaisir à vous entendre parler ainsi, que si vous n'eussiez » pas dû partir, je me serais bien gardée de vous en faire jamais » l'observation. »

## II

### Dernier coup-d'œil sur Rome.

### Préparatifs de départ.

C'est donc seulement après huit mois de séjour dans la capitale du monde chrétien, après huit mois consacrés à visiter et à étudier la ville des Césars, que je pus songer à la quitter.

Ce n'est point cependant que ma curiosité fût satisfaite, ou que mon intérêt pour cette illustre cité fût émoussé ; tout semblait au contraire concourir à m'en rendre le séjour plus agréable et plus attrayant. Plus je la parcourais, plus je lui trouvais de poésie et de grandeur, plus j'aimais à rêver sur ses héroïques débris, témoins éloquents de ses destinées tour-à-tour glorieuses et déplorables. Les ruines qu'on rencontre à chaque pas dans Rome, ces restes imposants qui gisent confusément de tous côtés comme les membres épars d'un géant abattu, y trouvent un langage qu'on chercherait vainement ailleurs. Dispersées autour de la chaire du Vicaire de Jésus-Christ, elles y prêchent, dans une langue magnifique, le néant des choses humaines et la vanité des grandeurs de ce monde. Des contrastes inattendus, des rapprochements étranges, viennent parfois saisir l'esprit et le plonger involontairement dans la rêverie et la méditation. La richesse et la misère, la décadence et la grandeur s'y touchent presque toujours ; et partout on y trouve les traces fortement accusées de deux sociétés superposées.

Ainsi, l'obélisque de Néron érigé sur la place St-Pierre, met en présence le plus terrible persécuteur des chrétiens et le plus humble des apôtres du Christ. Ce magnifique monolithe enlevé par Sixte V aux jardins du cruel empereur, ce témoin des horribles tortures exercées sur les disciples du fidèle serviteur de Dieu, sert aujourd'hui d'ornement au temple le plus splendide de la Chrétienté. Le Colysée, merveilleux amphithéâtre qui voyait à la fois cent mille spectateurs hurler de joie à l'aspect des chrétiens déchirés par les bêtes féroces, le Colysée n'entend plus aujourd'hui dans sa vaste enceinte que les sermons des modestes Frères de St. François d'Assises et les prières des fidèles qui accomplissent des stations autour de l'arène. La colonne Trajane sur laquelle s'élève la statue de St. Pierre, la colonne Antonine que surmonte celle de St. Paul, symbolisent d'une manière éclatante le triomphe de la religion chrétienne sur le paganisme. Ces fastueux monuments, élevés à la gloire de deux empereurs, ne sont plus que des piédestaux pour les statues des disciples du vrai Dieu ; et les humbles apôtres, planant sur la cité entière, semblent servir de couronnement aux victoires qui se déroulent en spirale sous leurs pieds.

Des objets moins imposants offrent parfois des destinées non moins étranges. Ainsi, on montre au musée du Capitole, une belle statue de Minerve trouvée dans l'intérieur du mur de ville ; il n'est pas rare de rencontrer des corniches en marbre cipollin servant de bordure aux trottoirs, et l'on voit, autour du Colysée, des colonnes de granit oriental d'une seule pièce, transformées en poteaux à reverbères.

Considérée comme elle doit l'être, Rome est éloquente jusque dans ses moindres débris. Tout y parle un langage sublime dont la puissance est au-dessus de l'expression. Étudiée dans les différentes phases de son élévation et de sa décadence, elle nous offre pour ainsi dire un livre immense dont les pages nous peignent à grands traits l'histoire du monde entier. Turbulente et agitée sous les rois, libre avec les consuls, avilie sous les Césars, ravagée par les barbares, mutilée par les papes, l'ancienne capitale du monde est toujours belle dans son abaissement ou sa grandeur. L'impression laissée par son aspect est souvent vif et saisissant, mais toujours triste et sévère. Il y a dans son ensemble quelque chose de sépulcral qui lui donne l'air d'un vaste tombeau et inspire sans cesse un pieux recueillement.

Que de fois j'ai passé des heures entières, assis sur quelque chapiteau à demi brisé, contemplant et interrogeant par la pensée ces imposantes reliques, tristes débris échappés par miracle à l'action destructive du temps et des hommes! Mon admiration silencieuse considérait avec respect ces restes vénérables d'un culte aboli, d'une société qui n'est plus. Parfois, ma pensée se plaisait à reconstruire tous ces édifices, à relever ces colonnes, ces statues. Temples, palais, thermes, cirques, amphithéâtres, m'apparaissaient alors, comme par enchantement, avec leurs flots de population. Rois, tribuns, consuls, empereurs; clients et patriciens, esclaves et pontifes, vestales et courtisanes, soldats et sénateurs, passaient tour-à-tour devant mes yeux comme un panorama magique. Ici, la foule se presse pour aller au cirque où l'appelle un combat de gladiateurs; là, elle monte au Capitole pour offrir des actions de grâces à Jupiter. Plus loin, un général reçoit les honneurs du triomphe : debout sur son char, le front haut et resplendissant d'un noble orgueil, il suit lentement la *voie sacrée* au milieu des acclamations de la foule, entraînant à sa suite des rois captifs, des peuples enchaînés, et d'immenses richesses enlevées au pays subjugué.

Et je me disais : depuis la chaumière de Caractacus

jusqu'aux temples de Jérusalem, depuis la hutte du Cimbre jusqu'aux palais des princes de l'orient, les Romains avaient tout envahi, tout conquis. Chaque peuple de la terre avait eté successivement absorbé dans ce gouffre immense que leur valeur et leurs vertus avaient ouvert autour d'eux, et qui se referma pour les engloutir quand l'espace leur manqua pour l'agrandir. Ils avaient amoncelé sur un point de leur vaste empire tous les trésors de l'univers; tous les arts s'étaient épuisés à embellir leur capitale; des travaux prodigieux avaient surpassé ce que l'imagination peut concevoir; et aujourd'hui que reste-t-il de tant de merveilles?.... Des colonnes abattues, quelques édifices tombant en ruines et des statues mutilées!...

Pendant tout l'hiver, je m'étais laissé aller avec bonheur aux charmes de cette vie contemplative; j'avais goûté à loisir les agréments du *far niente* que l'on ne peut guère bien comprendre qu'en Italie, et peut-être me serais-je abandonné longtemps encore à ses douceurs si l'approche des chaleurs, et par suite la crainte de la *mal' aria* ne m'eussent forcé à songer au départ.

Nous étions d'ailleurs au mois de mai. Mon imagination éveillée par l'influence du printemps semblait éprouver à son insu le besoin de sensations d'un autre ordre. Tout en admirant la chaleur de ton et la vigueur de coloris répandus sur toute la nature italienne par les rayons du soleil, je voyais à regret cet astre déployer vainement sur la Campagne de Rome toutes ses magnificences. Ces immenses prairies dont les ondulations gracieuses excitent à la fois l'admiration de l'artiste et la douleur de l'agriculteur, offraient toujours à l'œil attristé, l'aspect mélancolique d'un pays sans arbres, sans culture, sans habitations. Le royaume de Naples se présentait alors à mon esprit avec sa végétation luxuriante et toutes les séductions d'une capitale où règnent la vie et l'activité. J'avais à cœur de voir cette reine de la Méditerranée, non point à travers les pluies et les mauvais temps de l'hiver, mais avec sa magnifique robe de verdure, son soleil éblouissant, et au moment où la nature y déploie toutes ses richesses. Rome m'avait captivé par les tableaux du passé, la solennité des souvenirs; Naples me promettait les riantes images du présent et la vie active dans ce qu'elle a de plus brillant et de plus animé.

D'ailleurs, en allant à Naples, je ne faisais que réaliser le projet que j'avais toujours eu d'y passer quelques mois. Cette ville, que je n'avais pas vue depuis quatorze ans, m'offrait tout à la fois l'intérêt d'un pays nouveau et le plaisir de retrouver des lieux qui m'avaient laissé d'agréables souvenirs.

Je n'étais cependant pas sans une vague inquiétude en songeant à ce départ. Mon cœur se serrait à l'idée de quitter une ville où je comptais quelques amis, et dans laquelle j'avais trouvé une existence douce et paisible, la plus heureuse peut-être dont je dusse jamais jouir. Mais les soins de ma santé, l'attrait de l'inconnu l'emportèrent, et après quelques hésitations, je me décidai à faire sérieusement les préparatifs de mon départ. Une pensée d'ailleurs me consolait, c'est que ce départ n'était pas un *adieu*, mais un *à revoir*, comme on dit en italien, et qu'après quatre ou cinq mois au plus, je viendrais retrouver ma Rome et les amis que j'allais y laisser.

Dès que j'eus pris définitivement mon parti, je dus pourvoir à deux nécessités de premier ordre, et dont il n'est pas toujours facile de se tirer heureusement : la voiture et le passe-port. Trois moyens de transport s'offraient à moi pour aller à Naples ; les bateaux à vapeur par Cività-Vecchia, le voiturin *(vetturino)*, c'est-à-dire le voyage à petites journées, et la diligence. Je choisis sans hésiter le voiturin. Par cette voie je devais employer près de quatre jours pour me rendre à Naples, mais elle m'offrait la facilité de voir le pays que j'avais à parcourir.

Grâce à l'obligeance de mon *padrone di casa* que sa position d'employé au bureau des passe-ports mettait en rapports fréquents avec les *vetturini*, j'eus bientôt trouvé un véhicule. La complaisance du signor Gambardella m'épargna encore la fastidieuse cérémonie du passe-port et mon départ fut fixé au 17 mai. Nous étions alors en 1846.

# III

## Une famille romaine.

## Les adieux.

Une douloureuse formalité me restait à accomplir. J'avais à revoir les personnes qui m'avaient témoigné de la bienveillance pendant mon séjour à Rome ; à serrer une dernière fois la main des amis que je laissais ; j'avais à faire mes adieux à l'excellente famille qui venait pour ainsi dire de remplacer la mienne, et au milieu de laquelle je m'étais accoutumé à trouver depuis six mois un accueil tendre et affectueux.

C'était vraiment une famille charmante que la famille

Civilotti. Bien qu'appartenant par sa fortune à la classe moyenne de la société, on trouvait réunies dans son intérieur les aimables qualités qui, dans toutes les positions de la vie, contribuent puissamment au bonheur : l'esprit, la gaîté et la bonté.

Mes relations avec elle avaient commencé sous les auspices de M. et Mme Bally, anciens amis de ma famille, que ma bonne fortune m'avait fait rencontrer à Rome. M. le docteur Bally, ancien Président de l'académie de médecine, était un de ces aimables vieillards à l'entretien desquels on trouve toujours à gagner, et chez qui un mérite élevé n'exclut pas l'esprit et la gaîté. Après cinquante ans de rêves et de projets de voyage, il s'était mis en route pour la ville éternelle, et sa digne épouse, Mme Bally, n'avait pu se résigner à le laisser partir seul.

J'allais souvent les voir *via vittoria*, et nous faisions de fréquentes promenades dans cette Rome que nous nous plaisions à admirer ensemble dans sa grandeur, et à plaindre dans ses misères. Je ne tardai pas à rencontrer dans leur salon les personnes qui devaient doubler l'agrément de mon séjour à Rome. Accueilli par elles avec une bienveillance charmante, je fus bientôt admis dans leur intimité, et longtemps après le départ de M. et Mme Bally, je continuai à les voir fréquemment.

Par l'absence du père que des affaires de commerce retenaient alors en Russie, et des frères et sœurs que leurs occupations et leurs affaires attiraient sans cesse au dehors, cette famille ne se composait pour ainsi dire à mes yeux que de trois personnes : M^me^ Civilotti et ses deux filles. M^me^ Civilotti était une bien bonne et excellente personne ; je n'oublierai jamais sa sollicitude maternelle pour moi, et la confiance qu'elle me témoigna en m'accueillant ainsi chez elle.

La signora Angélique, sa fille aînée, était pour nous un phénomène singulier. Elle avait alors trente ans. Affectée d'un anévrisme qui lui faisait redouter sans cesse une mort subite, elle se faisait saigner deux ou trois fois par semaine et passait sa vie au lit. Sa dévotion était extrême ; elle se confessait fort souvent et communiait presque tous les jours. Malgré ce genre de vie, elle était d'une gaîté et d'un esprit remarquables. Douée d'une grande intelligence et d'une finesse exquise, elle saisissait sans cesse le côté plaisant des choses et riait avec un bonheur qui contrastait singulièrement avec sa figure pâle et amaigrie par le jeûne et la maladie. Elle disait souvent que personne ne devait être plus gai que les dévotes, parcequ'étant toujours prêtes à paraître devant Dieu, rien ne pouvait troubler la sérénité de leur esprit.

La signora Virginie possédait toutes les qualités de sa sœur, sauf sa dévotion extrême. Elle les possédait avec ce prestige indicible que leur prêtent la jeunesse et la beauté. Agée de dix-huit ans à peine, douée d'un caractère vif, enjoué, impressionnable, elle était pour nous un type gracieux de ces jeunes filles italiennes qui, malgré une absence complète d'instruction, trouvent dans leur esprit naturel des ressources inattendues qui donnent à leur conversation un attrait singulier. La langue italienne prenait dans sa bouche un charme ravissant; le timbre frais et pur de sa voix joint à l'accentuation naturelle de cet idiôme faisait de son langage un chant mélodieux qu'on ne se lassait pas d'écouter. Fière à tous égards de son titre de Romaine, elle n'entendait pas raillerie à ce sujet. Nous n'avions que trop souvent occasion, M. Bally et moi, de nous plaindre, à Rome, des désagréments que cause aux étrangers l'incurie et la négligence des habitants, de la police, du gouvernement; et il nous arrivait alors de lancer contre eux quelques boutades. Elle prenait aussitôt la défense de son illustre patrie avec une vivacité extrême. Ses yeux noirs lançaient des éclairs, et les paroles se pressaient sur ses lèvres pour confondre son audacieux contradicteur.

Prise tout d'abord en affection par M. et Mme Bally, elle nous accompagnait dans toutes nos promenades, et sa présence leur donnait toujours un agrément de plus. Je ne voudrais pas affirmer toutefois que l'archéologie n'y perdit point un peu de son intérêt, et je suis fort tenté de croire que j'aurais conservé un bien faible souvenir des objets que nous allions voir, si je me fusse borné à ces seules visites.

Ce tableau de la famille Civilotti donnera à peine une idée de l'agrément que m'offrait cet aimable intérieur. Accueilli comme un enfant de la maison, j'avais donné à Mme Civilotti le nom de ma seconde mère, et j'aimais ses deux filles comme des sœurs. Nous avions même fini par nous donner ces noms affectueux qui seuls pouvaient correspondre aux sentiments que nous éprouvions les uns pour les autres. Je ne puis me rappeler sans une douce émotion nos délicieuses causeries pendant les longues soirées d'hiver. Je me vois encore dans la chambre d'Angélique éclairée par une lampe en cuivre à trois becs, pareille à celles qu'on trouve dans les ruines de Pompéia. Une veilleuse brûle dans un coin devant un petit autel de la Vierge, et les murs sont tapissés de gravures représentant Marie, le Christ et des sujets sacrés. Presque toujours Angélique était dans son lit; j'étais alors à son chevet. Virginie était en face de moi, et leur mère allant et venant dans la maison, s'asseyait de temps en temps près de nous pour prendre part à la conversation. Que d'histoires nous nous contions alors! Quels fous rires, que de bonnes plaisanteries! Quelle aimable et franche gaîté! Les difficultés de la langue italienne ne m'arrêtaient guère. Je donnais des crocs en jambe à la syntaxe, je sautais à pieds joints par-dessus la grammaire, et toutes mes fautes étaient de nouveaux motifs de rire et de plaisanter.

Notre petit cercle se composait pourtant d'éléments bien hétérogènes. D'une part, une dévote fervente, à demi-mourante dans son lit, vouée depuis longtemps à la vie contemplative et vivant plus dans le ciel que sur la terre; de l'autre, une jeune fille au caractère vif, ardent et mobile, profondément imbue de tous les préjugés de son pays, et rêvant à son insu tous les plaisirs du monde qu'elle eût aimés avec passion; puis, brochant sur le tout, un parisien sceptique et frondeur, touriste improvisé tombé des nues depuis quelques semaines. Ces contrastes ne nuisaient en rien à la douce entente qui régnait entre nous, et ne servaient qu'à rendre nos causeries plus piquantes et plus variées. Quand la séance paraissait se prolonger un peu plus tard que de coutume, notre mère s'esquivait sans mot dire et ne reparaissait plus. Je ne sais pourquoi le temps alors semblait doubler de vitesse; les horloges laissaient tomber plus vainement que jamais leurs heures inexorables, et plus d'une fois minuit vint surprendre à l'improviste le trio des inséparables.

On comprendra maintenant tout le plaisir que j'avais à voir cette famille et la peine que me faisait éprouver la pensée de la quitter. Je m'y étais décidé cependant, et il ne me restait plus qu'à lui faire mes derniers adieux.

Quelque temps avant que je n'eusse retenu ma place, la bonne Angélique m'avait prié de ne pas faire connaître le jour de mon départ, et de la quitter à ma dernière visite comme si je devais revenir le lendemain afin de lui épargner le chagrin des adieux et la douloureuse perspective de notre séparation. Virginie s'y était formellement opposée : « Pourquoi donc, disait-elle, puisqu'il » doit revenir? moi, je veux lui souhaiter bon voyage, » bonne santé. » Angélique n'insista pas.

Quelques jours avant mon départ, la pieuse fille me remit une petite image représentant Saint Joseph tenant l'enfant Jésus *(il bambino)* entre les bras. Faisant alors allusion à une légende donc je lui avais parlé quelques fois (*), elle me recommanda de la porter toujours avec moi, m'assurant que, grâce à son intercession, je pouvais me considérer comme étant à la place de l'enfant Jésus, et qu'en conséquence, quelque chose qui m'arrivât, je ne pouvais courir aucun danger. Elle me remit ensuite des médailles de la Vierge et me pria de penser à elle une fois par jour seulement, me promettant de son côté de me donner une large place dans ses prières.

Le dimanche soir, veille de mon départ, j'allai voir pour la dernière fois mes deux aimables sœurs. J'aurais volontiers passé la nuit à causer avec elle, mais je devais partir le lendemain à quatre heures du matin, et ma malle n'était point terminée; je dus me retirer de bonne heure et je les quittai comblé de leurs marques d'amitié et de leurs souhaits affectueux.

Une heure après minuit sonnait quand j'eus fini ma malle. Il y avait à peine quelques minutes que j'étais au lit lorsqu'on frappa à ma porte. C'était la signora Gambardella, ma *padrona di casa*, qui, revenant du spectacle avec son mari et ayant vu de la lumière chez moi, venait me faire ses adieux. La bonne dame paraissait vraiment un peu émue et nous nous serrâmes la main avec effusion.

(*) Cette légende bien connue en Italie et dont la convenance est au moins douteuse, fait de Saint Joseph le plus puissant des saints du Paradis à raison des *protections* qu'il possède dans le ciel, comme mari de la Sainte-Vierge et père putatif de Jésus-Christ.

A quatre heures du matin, les portefaix *(facchini)* étaient à ma porte. Mes effets chargés sur la voiture, je reçus les embrassements du signor Gambardella, donnai la *mancia* à sa *cameriera* Lorenza, et je m'installai dans le *vetturino* qui devait me conduire à Naples.

## IV.

### Une variété de la jettatura.

### La porte Majeure.

En faisant mes conventions avec le voiturin, je m'étais informé de la qualité de mes compagnons de route, et j'avais appris que la voiture était complétée par des moines bénédictins du couvent de Saint-Paul-hors-les-murs et Saint-Calixte. La perspective de voyager pendant quatre jours en tête-à-tête avec cinq moines était presqu'effrayante, mais mon *padrone di casa* m'ayant assuré que les bénédictins étaient tous nobles et de bonne maison ; m'étant rappelé d'ailleurs que leur ordre passait pour la plus savante et la plus lettrée des congrégations religieuses, je n'hésitai pas à conclure mon marché.

Toutefois, une autre circonstance vint encore m'arrêter. Je désirais vivement faire le voyage par les marais Pontins et la célèbre voie Appienne, *regina viarum*. J'avais Horace avec moi; j'étais curieux de le suivre dans le récit qu'il fait d'un pareil voyage, dans sa cinquième satyre. Je voulais revoir ces fameux marais, éternel objet des préoccupations des Consuls, des Empereurs et des Papes, et qui, depuis deux mille ans, ont acquis une si triste célébrité. Aussi, j'appris avec un grand désappointement, que mes bénédictins, redoutant l'influence des miasmes pestilentiels qui s'en exhalent, n'avaient pas voulu passer par Terracine, mais par Ceprano et St.-Germain. J'avais déjà rompu le marché, et je me disposais à chercher un autre véhicule, lorsque le signor Gambardella s'interposa de nouveau pour m'engager à persévérer dans ma résolution première. Il me fit observer qu'en me privant de la vue des marais Pontins, j'avais la faculté de visiter le célèbre couvent de bénédictins du Mont-Cassin, situé près de St.-Germain; et que cela me serait d'autant plus facile, que j'y serais probablement accompagné par les bénédictins qui voyageaient avec moi. Cette considération me décida à maintenir mes conventions; j'y fis seulement ajouter que nous devrions être arrivés à St.-Germain deux heures au moins avant le coucher du soleil. Il me fut d'autant plus aisé de renoncer à mon premier projet que, lors de mon voyage à Naples en 1835, j'avais déjà suivi cette même route des marais Pontins, et que j'avais d'ailleurs la ressource d'y passer à mon retour.

Lorsqu'en allant faire mes adieux, j'eus appris à quelques amis que je devais voyager avec des moines, ce fut un *tolle* général, un concert d'exclamations et de mauvais présages. « Voyager avec des moines! me dit-on, mais c'est risquer de vous casser un bras, une jambe, ou tout au moins de verser! Ignorez-vous la fatale influence qu'ils apportent avec eux? Ne savez-vous pas que ce sont tous des *jettatori?* »

Cette variété de la *jettatura*, du mauvais œil, comme nous disons en français, me surprit par sa nouveauté. Je savais parfaitement qu'en Italie, et surtout à Naples, certains individus passent pour répandre autour d'eux une influence funeste qui porte inévitablement malheur à ceux qu'ils regardent ou approchent, mais j'ignorais que cette ridicule superstition allât jusqu'à faire des moines une classe de parias avec lesquels on ne peut se mettre impunément en voiture.

Comme je paraissais fort incrédule et fort confiant, les exemples et les *preuves* m'arrivèrent de toutes parts. « Monsieur, me dit un médecin (fort distingué, m'assura-» t-on) avec lequel je dinais chez le signor Gambardella, » je revenais un jour de Florence en voiture publique; » le voyage avait été fort heureux; lorsqu'un peu avant » d'arriver au Ponte-Molle, nous prîmes avec nous deux » Frères de je ne sais plus quel ordre. Il n'en fallut pas » davantage, et quelques minutes après nous versions. » A l'arrivée des Frères, je m'étais contenu; mais quand » je vis pencher la voiture, je ne pus y tenir et je m'écriai:

» *accidente ai Frati!* (le diable emporte les moines!)
» J'en ai été quitte heureusement pour quelques contu-
» sions, mais aujourd'hui, pour rien au monde, on ne
» me ferait voyager avec des moines. » Après cette démonstration écrasante, le *signor dottore* sourit d'un air satisfait de lui-même, et attendit l'effet de son *speech*. Les convives n'étaient pas gens à s'arrêter en si beau chemin, chacun s'empressa d'émettre une opinion conforme et raconta son histoire à l'appui.

Tout cela me faisait pitié. « Eh bien! dis-je à mon
» tour, en dissimulant un peu l'impression que me cau-
» sait tant de superstition et d'ignorance, je ne crois pas
» le moins du monde, moi, à cette fatale influence des
» moines. Loin d'hésiter à me mettre en route avec eux,
» je suis enchanté, au contraire, d'avoir une occasion de
» prouver que cette fâcheuse réputation leur a été faite à
» tort. Mon voyage se terminera heureusement, je n'en
» doute pas; et il sera ensuite un argument de plus pour
» combattre le ridicule préjugé qui pèse sur eux. » A cette sortie taillée un peu dans le vif, les convives reconnurent tout d'abord ce qu'on appelle en Italie la *furia francese*; personne n'osa ajouter mot, et les plus hardis convinrent seulement que ces appréhensions étaient peut-être absurdes, mais qu'ils ne voudraient pas en faire l'expérience. (*)

(*) Ce préjugé de la *jettatura*, ou mauvais œil, remonte, en Italie, à une époque fort ancienne. Dans sa troisième églogue, Virgile fait dire au berger Ménalque :

Nescio quis teneros oculus mihi fascinat agnos.

En quittant la rue de Condotti où je demeurais, notre cocher provisoire fut remplacé par l'Automédon chargé de nous conduire sains et saufs dans la capitale du royaume des Deux-Siciles. Il avait une mauvaise figure : une énorme balafre lui partageait le visage en deux, et donnait à sa physionomie une expression sinistre. J'eusse été peu flatté, je l'avoue, de rencontrer cette face patibulaire au bord de quelque chemin écarté, et je trouvai médiocrement attrayante la perpective de passer quatre jours et trois nuits sous une tutelle de si mauvais augure.

Pendant que je faisais ces réflexions, nous suivions les rues les plus étroites et les plus tortueuses de Rome. Arrivés au couvent de St.-Paul et St.-Calixte, sur la place Ste-Marie-in-Transtever, nous procédons à l'embarquement et à l'installation des moines ; nous allons ensuite, place Trajane, prendre un dernier voyageur, et notre voiture se trouve au complet. Pendant ce dernier trajet, un de nos chevaux s'est abattu deux fois. « Décidément, dis-je en moi-même, s'il m'arrive malheur, ce ne sera pas faute d'avertissements : les moines, le cocher, les chevaux, tout conspire contre moi ! » Je regardai le ciel pour en tirer au moins un présage favorable, mais sa teinte sombre et triste m'apprit, que lui aussi, semblait vouloir entourer ce voyage de fâcheux pronostics.

Toutefois, je dois en convenir, je m'étais effrayé trop tôt à l'endroit de nos quadrupèdes. Deux chevaux de renfort furent ajoutés à ceux qui venaient de nous conduire, et leur bonne apparence me rassura complètement. C'était là le principal ; désormais le reste ne me préoccupait guère, et je vis sans crainte notre équipage s'acheminer vers la porte Majeure, par laquelle nous devions sortir de Rome.

Quelques formalités relatives aux passeports nous ayant obligés de nous arrêter quelques instants devant cette porte, j'en profitai pour donner encore un coup d'œil à ce magnifique monument.

Il serait dificile d'imaginer, pour une ville comme Rome, une entrée plus grandiose et qui répondit mieux à l'idée qu'on se fait de cette illustre cité. La splendeur et le caractère imposant des constructions romaines s'y révèlent tout d'abord, et l'on y reconnaît aussitôt l'œuvre du peuple qui dictait des lois à l'univers, et répandait sur tous ses édifices publics un sentiment profond de sa grandeur.

Ce qu'on appelle aujourd'hui porte Majeure, n'était autrefois que le point de rencontre d'un acqueduc avec la voie publique. Mais les Romains, qui voulaient inspirer en toutes choses l'admiration dont leurs exploits frappaient déjà le monde entier, les Romains aimaient à donner un aspect magnifique à ces monuments lorsqu'ils traversaient les grandes routes. C'est l'empereur Claude, qui pour décorer sa merveilleuse conduite d'eau à l'endroit où elle passait sur la voie Labicane, fit construire cette sorte d'arc de triomphe. Malgré les mutilations qu'il dut subir à l'époque des invasions et lors des sièges que Rome eut à soutenir, son caractère d'utilité le fit toujours entretenir ou respecter, et c'est aujourd'hui un des plus beaux restes de l'ancienne Rome.

A l'extérieur rien n'anonce la destination de cet édifice. Formé de trois arceaux entre lesquels s'élèvent deux grands arcs, il est orné de colonnes et de frontons d'un beau style. De larges inscriptions le surmontent ; elles nous apprennent l'origine des eaux de l'acqueduc, sa construction par Claude, et sa restauration par Titus et son père Vespasien. Dans les changements que fit Honorius à l'enceinte de Rome, au commencement du cinquième siècle, une partie de l'acqueduc lui-même fut comprise dans le mur de ville, et le beau monument de l'empereur Claude se trouva réduit à servir de porte. Ses deux grands arcs s'ouvraient autrefois sur deux voies romaines : la voie Prénestine et la voie Labicane. L'un d'eux est aujourd'hui fermé, et celui qui fait face à la voie Prénestine est maintenant le seul par lequel on entre dans Rome.

L'inspection des passeports terminée, je m'empresse de regagner la voiture, et nous franchissons le seuil de la ville éternelle par ce glorieux monument, œuvre magnifique d'un souverain dont Rome a méprisé la mémoire. « Et cependant, me disais-je, tandis qu'on trouve à peine la trace des fastueux palais élevés par le luxe et l'orgueil des plus illustres Césars, tandis que Rome porte encore la peine de ces vaines conquêtes qui préparèrent sa ruine et déchaînèrent contre elle l'univers tout entier, l'acqueduc de l'empereur Claude, debout depuis vingt siècles, apporte chaque jour à l'ingrate cité le tribut de ses eaux salutaires, et assure à jamais à son auteur la reconnaissance des générations futures. »

## V.

### Composition d'un voiturin.

### Le mausolée de sainte Hélène.

### La Campagne de Rome.

Pendant l'à *parte* que m'avait inspiré la porte Majeure, j'avais complètement négligé mes compagnons de voyage. Et pourtant, je savais que lorsqu'on doit se trouver côte à côte avec des étrangers pendant quatre jours, ce qu'on a de mieux à faire est assurément de nouer promptement connaissance avec eux, afin de s'assurer des ressources contre les longueurs de la route. En pareil cas, les préliminaires ne sont pas longs; une confiance réciproque s'établit bientôt; et, pour peu que les esprits et les caractères n'offrent pas des angles trop saillants ou trop rentrants, il est rare que les *atômes crochus* n'entrent pas en action immédiate, et n'établissent pas une étroite intimité entre des individus complètement étrangers l'un à l'autre quelques heures auparavant.

Quoiqu'on dise et qu'on fasse de nos jours, je suis assez de l'avis d'Horace : *odi profanum vulgus et arceo.* J'ai peu d'empressement, je l'avoue, à faire connaissance avec le premier venu, et ce n'est ordinairement qu'à bon escient que j'entre en relations intimes; mais il est des circonstances où il faut dépouiller toute susceptibilité et faire bon marché des formes que les usages du monde ont consacrées. Pour être à son aise en voyage, il faut y mettre les autres; autrement, on souffre de la gêne qu'on leur impose, et l'on se prive souvent, par une réserve exagérée, d'une connaissance agréable ou de relations utiles.

Pénétré de ces idées, j'en fis l'application immédiate en adressant la parole au moine qui occupait avec moi le coupé de la voiture. Je trouvai un homme fort disposé à me donner la réplique, et je sus bientôt par lui la composition du personnel de notre petit convoi.

L'intérieur de la voiture était occupé par deux Pères Abbés (*Padri Abbati*); ils avaient devant eux leurs domestiques respectifs, et personne ne soufflait mot.

Pour ne pas laisser de doute sur la qualité de mes compagnons de voyage, je dois dire de suite qu'en italien le mot *abbé* n'est pas comme en français un terme générique s'appliquant à peu près à tous les ecclésiastiques; il désigne, dans la première de ces langues, le Supérieur d'un couvent, ou, si l'on veut, d'une abbaye. Les Abbés ont rang d'évêques, et jouissent partout d'une grande considération, surtout quand ils appartiennent à l'ordre des bénédictins.

Mon voisin était secrétaire de l'un des deux Abbés. C'était un bon vivant, gai et assez disposé, je crois, à oublier cette *grandeur qui attache au rivage*. Il ne manquait pas d'instruction et se plaisait à lâcher de temps en temps quelques mots d'un français assez peu orthodoxe, assurant que bien qu'il n'eut pas l'habitude de parler notre langue, il comprenait à la lecture tous les auteurs français.

Enfin, devant nous, à côté du cocher, se trouvait un jeune Romain d'assez bonne mine, dont je n'ai jamais su au juste la position sociale.

Nous cheminions alors à travers la Campagne de Rome, étrange problème d'un désert aux portes d'une capitale.

Jusqu'à Tor-Pignatarra, c'est-à-dire à moins d'une demi-lieue de Rome, on aperçoit encore quelques habitations. Des fermes isolées bordent la route, et des signes de culture apparaissent çà et là. En cet endroit, nous foulons aux pieds un ancien cimetière romain consacré à la cavalerie d'élite ; plus loin, quelques constructions ruinées nous annoncent l'emplacement du mausolée de sainte Hélène, mère de Constantin-le-Grand. Les tombes des soldats, comme le cercueil de cette princesse, sont, depuis longtemps, vides des pieuses reliques qui leur avaient été confiées, et le magnifique monument de porphyre, élevé par la piété filiale d'un empereur, est profané chaque jour dans un musée par le regard des curieux. La dévastation a passé son niveau sacrilège sur ces sépulcres : les cendres des soldats dispersées et jetées aux vents, se mêlent aux cendres de celle qui donna un maître à l'empire ; et quel empire que celui dont le souverain pouvait, par un seul acte de sa volonté suprême, transférer la capitale des bords du Tibre aux rives du Bosphore !

A quelques pas de là, nous sommes dans le désert, au milieu de ses mornes tristesses, en présence de son aspect désolé. Du Soracte au mont Albane, des portes de Rome aux Apennins, l'œil surpris et affligé cherche vainement un objet qui arrête les regards. De vastes plaines de verdure se déroulent de tous côtés, et, au milieu de ces immenses solitudes, pas une colline ne vient reposer la vue, rien ne vient révéler la présence de l'homme, rien, pas même une maison, un arbre.

Ainsi, le désert, un cimetière profané, le mausolée saccagé d'une sainte, de la mère du premier empereur chrétien, tels sont les objets qui s'offrent à la vue lorsqu'on a mis le pied hors de la capitale du monde catholique !

Et cependant, une société riche et florissante a vécu en ces lieux. Quelque tristes et misérables qu'en soient aujourd'hui les vestiges, ils révèlent encore, par leur importance, le passage de la grande nation. A l'horizon, de longs acqueducs rompus sillonnent la plaine dans tous les sens; d'énormes massifs de maçonnerie surgissent çà et là dans la campagne; et d'orgueilleux tombeaux, élevés jadis par le luxe et la vanité, semblent montrer à regret leurs fronts déshonorés.

A cette vue, une invincible tristesse s'empare de l'âme, les plus douloureuses réflexions viennent assiéger l'esprit. Comment la main du sort s'est-elle appesantie sur ce pays? Quelles terribles vicissitudes ont frappé ces contrées de dépopulation et de misère?...

Etrange et cruelle destinée, en effet, que celle de ces campagnes!

Jadis, repaires impénétrables où des pâtres audacieux et turbulents préparaient les destinées de la plus belliqueuse des nations en chassant les bêtes féroces et pillant leurs voisins; plus tard, couverts de riches moissons, quand les Romains faisaient de l'agriculture leur principale richesse, et étendaient chaque jour, par leur valeur et leurs vertus, un empire qui ne devait trouver d'autres bornes que celles de l'univers, ces champs virent bientôt les demeures des colons disparaître devant les somptueuses maisons de campagne, et les terres consacrées à l'agriculture faire place à d'inutiles jardins. Maîtres du monde qu'ils avaient conquis par leurs exploits et leurs nobles qualités, les Romains vengèrent bientôt l'univers par leur luxe et leur mollesse. Le luxe amena la corruption, la débauche suivit la mollesse, et les antiques vertus romaines succombèrent sous des ennemis inconnus dont l'épée ne pouvait triompher. Des nuées de barbares, longtemps refoulées dans leurs déserts, s'abattirent de toutes parts sur ce malheureux pays. Avides de pillage et de vengeances, leurs hordes furieuses escaladèrent les murailles de cette Rome dont le nom seul les faisait pâlir, renversèrent les trophées élevés en l'honneur de leurs défaites, incendièrent les temples, les villas, les palais, et détruisirent à jamais le prestige et la puissance de la vieille cité de Mars.

Tout disparut sous ce torrent dévastateur. Champs fertiles, riches villas, tombeaux fastueux, élégants jardins, tout fut ruiné, anéanti. Aujourd'hui, plus de luxe, plus de délices! La main du temps a achevé l'œuvre de destruction commencée par celle des hommes, et quelques débris, laissés comme à dessein, attestent seuls aux générations qui passent sur cette terre l'ancienne richesse du sol et la magnificence de leurs pères.

Mais là ne devaient pas se borner les désastres de cette malheureuse contrée. Comme si le pillage, l'incendie, et la misère n'étaient pas suffisants pour faire expier à ce sol maudit sa richesse passée et sa splendeur déchue, un nouveau malheur vint s'ajouter à tant de malheurs et consommer la ruine de ce pays infortuné.

En s'abîmant dans la corruption et la débauche, Rome avait laissé dans l'air un poison mortel qui, depuis ce moment, n'a cessé de décimer ses habitants. Ces vastes prairies, ces mélancoliques paysages cachent sous leur manteau de verdure un redoutable fléau. Successivement abandonnés à la suite des invasions et des discordes civiles, ces champs ont cessé d'être cultivés. Devenus humides et malsains, ils exhalent sans cesse des miasmes pestilentiels, et sont devenus l'effroi des populations. La nature trop longtemps outragée a repris ses droits; elle s'est vengée de la mollesse des pères en infligeant la fièvre aux enfants : la Campagne de Rome n'est plus qu'un désert, et sur ce désert règne la mort.

Fatalement enfermée dans le cercle redoutable de ces terribles exhalaisons, Rome semble se débattre dans un linceul. Vainement elle cherche à voiler ses misères, vainement elle voit s'élever dans son sein les plus glorieux monuments de l'art ancien et du génie moderne, un mal invisible, mais terrible et implacable, plane sans cesse sur cette cité infortunée. L'homme, qui dans ses murs put croire un instant à sa toute puissance; l'homme, dont on y voit éclater à chaque pas la grandeur et le génie, l'homme reste sans force devant le redoutable problème posé devant lui depuis douze siècles. Il faut que Rome subisse ses destinées; il faut que l'orgueilleuse cité, qui fit trembler le monde, courbe à son tour son front superbe devant une puissance à laquelle rien ne résiste ici-bas : la fatalité ! (*)

(*) Cette déplorable condition de l'ancienne capitale des Césars a été résumée en quelquee vers latins par un poète du XIme siècle. Ces vers ne sont ni élégants ni harmonieux, mais il y règne une vigueur d'expression et une sombre énergie qui annoncent combien l'impression de l'auteur était vive et douloureuse :

Roma vorax hominum domat ardua colla virorum ;
Roma ferax febrium necis est uberrima frugum ;
Romanæ febres stabili sunt jure fideles.

*(Saint-Pierre-Damien au pape Nicolas II.)*

## VI.

### Un déjeûner à l'Hôtel de France.

### Grandeur des bénédictins.

Pendant que je devisais avec mon voisin sur ces étranges retours des choses de ce monde, nous avancions au petit trot de nos chevaux, et nous nous hâtions lentement, suivant les allures ordinaires de notre genre de véhicule.

En sortant de Rome par la porte Majeure, nous avions laissé les marais Pontins à notre droite. Conformément à l'itinéraire tracé par la prudence des disciples de saint Benoît, nous nous dirigions vers les premières déclivités de l'Apennin, pour gagner ensuite Coprano et Saint-Germain. Ces premières pentes forment, en effet, la limite du désert de ce côté de la Campagne romaine. Les inégalités du sol atténuent en ces lieux les effets de la *mal'aria*, et, quelques milles plus loin, l'air ne présente plus de dangers pour les habitants. Les eaux, que verse en abondance la longue chaîne des Apennins, ne traversent ces contrées que pour les fertiliser; et c'est plus bas seulement que, ne trouvant plus une pente suffisante pour faciliter leur écoulement dans la mer, elles séjournent dans la campagne et forment ces immenses marécages connus sous le nom de marais Pontins.

Vers onze heures du matin, c'est-à-dire après environ cinq heures de marche, nous apercevons enfin quelques arbres, et bientôt des ormes magnifiques, plantés de chaque côté de la route, nous attestent la puissance de végétation de ce sol qui vient de se montrer à nos yeux sous un aspect si désolé. Disposés d'abord par groupes, ces arbres forment ensuite une belle bordure qui se prolonge à perte de vue. Au fur et à mesure que nous avançons, le terrain devient plus accidenté : à ces plaines immenses ont succédé des vallées, des collines. Quelques traces de culture commencent à paraître; le froment et le blé de Turquie se montrent çà et là dans les champs, et le soleil, perçant par intervalles son épais rideau de nuages, semble avoir à cœur de nous dédommager du triste tableau qui vient d'affliger nos regards.

Après avoir traversé un petit village dont les maisons semblent accrochées aux parois d'un rocher taillé à pic, nous entrons dans un joli vallon bordé de collines boisées, et notre voiture s'arrête à la porte d'une auberge sur la façade de laquelle nous lisons : *Hôtel de France.*

Malgré ce titre pompeux, on devine sans peine l'importance que pouvait avoir une auberge perdue sur une pareille route. J'aurais même assez difficilement compris son existence, si, en jetant les yeux autour de moi, je n'eusse aperçu au sommet d'une des montagnes qui nous entouraient, une agglomération de maisons ressemblant assez à une ville. Quelques questions complétèrent ma découverte, et j'appris que nous avions devant nous Valmontone, dont presque tout le territoire appartient au prince Doria, l'un des plus riches propriétaires de Rome.

Il était environ une heure et demie lorsque nous parvînmes à cette première étape. Deux heures ayant été accordées à bêtes et gens pour se reposer et se restaurer, mes compagnons de route s'empressèrent de s'informer de la salle à manger. Pour moi, ne me sentant point en appétit, je laissai déjeûner les disciples de saint Benoît, et je résolus de prendre de l'avance sur la voiture pour me délier les jambes et voir un peu le pays. Toutefois, par mesure de précaution, je crus utile de me mûnir d'un morceau de pain, sauf à le tremper au besoin dans une fontaine, comme faisait ce comédien que Gil Blas rencontra sur sa route.

Je m'adressai pour cela à la *padrona* de « l'Hôtel de France. » C'était une femme d'une large encolure et à hautes couleurs. Dans le quartier du Transtever, à Rome, elle eut passé bien certainement pour une descendante *directe* des anciens Romains.

— « Qu'est-ce que tu veux? » dit-elle, en me toisant d'un air dédaigneux quand je lui eus formulé ma demande.

— « Un peu de pain, fis-je.

— « Pas autre chose?...

— « Pas autre chose.

— « Voilà, dit-elle, en jetant sur la table le tiers environ d'une pagnotte d'une livre.

— « Combien? demandai-je.

— « Un baioque, » me dit cette aimable femme en retournant à ses fourneaux.

Je jetai mon baioque sur la table et je partis.

A la bonne heure! voilà ce qui s'appelle traiter les gens selon leur condition. Mais aussi, déjeûner avec un morceau de pain sec! En vérité, il n'y a qu'un Français ou un chien qui puissent se contenter d'un pareil repas. De tels consommateurs ne valent pas seulement la peine qu'on les regarde; ces êtres là sont le désespoir des aubergistes et ne méritent que le mépris.

Le fait est qu'on m'a dit bien souvent que j'avais l'air

d'un Anglais, mais je gagerais volontiers que cette idée là ne vint pas à l'esprit de l'honorable *padrona* de « l'Hôtel de France. »

Le soleil était devenu ardent. Je me glissai à l'ombre comme je pus afin d'examiner à loisir la singulière ville au pied de laquelle je me trouvais.

Valmontone est une de ces villes-citadelles comme on en rencontre fréquemment en Italie. Construite sur le plateau d'un mont isolé, elle n'offre du côté de la route ni accès, ni issue; mais du côté opposé, un sentier sinueux, tracé sur le flanc de la montagne, conduit à une porte de ville monumentale assez bien conservée. Quelques dômes et clochetons la surmontent, et des tours à demi ruinées protègent l'escarpement naturel du rocher. Une vaste construction, ressemblant de loin à une caserne, y sert de pied à terre au prince Doria lorsqu'il vient visiter ses propriétés.

Telle est la première ville des Etats-Romains que nous trouvâmes sur notre route après avoir quitté la capitale, et, pour y arriver, il ne nous avait pas fallu moins d'une demi journée de marche.

Je continuai à suivre quelque temps le joli vallon que nous allions parcourir; puis, ayant trouvé un délicieux tapis de gazon protégé par de grands arbres et tout émaillé de paquerettes et de fleurs printanières, je me laissai tenter par l'occasion et l'herbe tendre, et notre équipage me trouva comme Tityre, *patulæ recubantem sub tegmine fagi.*

Pendant le reste de la journée, j'eus tout le temps de faire connaissance avec le bénédictin que le hasard avait placé à mon côté. Il m'apprit qu'il était Sicilien, et que son couvent était situé à Palerme même ; il voulut bien m'offrir ses services pour le cas où j'irais visiter cette ville, et je les acceptai de grand cœur. Ce moine avait des connaissances assez variées en littérature française, et il me donna lapreuve qu'il avait lu Boileau, Corneille, Voltaire, Thiers, etc., etc. Il aimait beaucoup à causer, et je l'entendais toujours avec plaisir. Un moine, un bénédictin, c'était, je l'avoue, quelque chose de tout-à-fait nouveau pour moi ; aussi, je me plaisais à amener la conversation sur son Ordre religieux dont la réputation a survécu partout aux révolutions et à la chûte des monastères.

Remarquant mon désir d'avoir quelques renseignements sur cet Ordre fameux, il ne se fit pas prier : « Monsieur, me dit-il, on ne sait pas assez, en général, en France surtout, ce que c'est qu'un bénédictin. Aux yeux du plus grand nombre, la qualité de moine implique la paresse, l'ignorance, des idées étroites et un esprit arriéré. Sans examiner ce qu'il en est à l'égard des autres établissements religieux, je puis vous assurer que rien n'est moins exact en ce qui concerne les bénédictins. Le fondateur de notre ordre, l'immortel saint Benoît, posa pour base de sa règle monastique, le travail. Son intelligence élevée, droite et bienveillante avait compris que ce ne sont point les jeûnes exagerés, les macérations extraordinaires et les efforts surnaturels qui améliorent l'homme, mais le travail seul ; le travail, gage d'ordre et de tranquillité, source inépuisable de satisfaction, élément puissant de moralisation. Voulant occuper à la fois l'esprit et le corps de ses disciples, il avait consacré une partie de la journée à défricher les landes, dessécher les marais, fertiliser les terres ; puis, quand ces modestes cultivateurs rentraient dans leurs cellules, ils trouvaient, dans des travaux d'un ordre plus élevé, un délassement à leurs fatigues corporelles. C'est alors qu'ils étudiaient les livres saints, enseignaient aux néophytes les dogmes sacrés de la religion, et copiaient les anciens manuscrits. »

« Pendant l'affreuse tourmente qui suivit l'invasion des Barbares, à cette époque désastreuse où l'esprit humain se trouvait plongé dans d'épaisses ténèbres et où les connaissances acquises par quarante siècles de travaux semblaient à jamais perdues, les couvents de bénédictins étaient devenus des sanctuaires impénétrables où brillait encore, silencieux et caché, le feu sacré de l'intelligence. De pieux cénobites avaient senti le prix des trésors scientifiques et littéraires laissés par les Grecs et les Romains, et tandis que la puissance de ces peuples s'écroulait sous l'envahissement des Goths et des Vandales, les bénédictins multipliaient les copies de ces œuvres précieuses, et les préservaient à jamais de la perte et de l'oubli. Dans ces temps de pillage et de dévastation, où l'on ne connaissait d'autre loi que la licence, d'autre droit que la force, ni la cabane, ni le château n'étaient à l'abri de la déprédation et de l'incendie; mais les églises et les monastères, protégés par leur saint caractère, furent presque toujours respectés. Lettres, sciences, arts, tout se conservait là. Pareils à ces lampes sépulcrales impuissantes à percer une obscurité profonde, mais dont quelques étincelles suffisent pour allumer une vive et brillante clarté, nos monastères entretenaient, avec une pieuse sollicitude, la flamme sacrée dont ils étaient dépositaires, prêts à rendre au monde, quand le moment serait venu, et la lumière et l'intelligence.

« Aussi, sept ou huit siècles plus tard, dès que l'univers eut commencé à respirer, lorsque le calme et la paix eurent délivré l'Europe des langes de la barbarie et de l'ignorance, c'est de nos couvents que l'on vit reparaître tout-à-coup les richesses des lettres et des sciences de l'antiquité. Homère, Aristote, Platon, Virgile, Cicéron, Tacite, tous les auteurs classiques et les plus célebres jurisconsultes romains sortirent à l'envi de leurs pieuses retraites, et vinrent offrir à l'Europe étonnée d'admirables modèles de poésie, d'histoire, de législation et d'art oratoire.

« L'homme du monde méprise les monastères; il sourit avec dédain en parlant de ces moines dont la vie se passait dans l'oisiveté et la contemplation; mais il ne faut pas oublier que le travail fut toujours la première loi des bénédictins, et que, les premiers, ils relevèrent l'humanité de son abjection et de ses misères, en prêchant le labour des bras et la culture de l'esprit. Voltaire lui-même, qui n'était pas athée, quoi qu'on en ait dit, et qui ridiculisa bien plus les écarts de la religion que la religion elle-même, Voltaire a reconnu hautement les services rendus à la société par les bénédictins. Dans sa bouche, ces éloges ne

sont pas suspects, et ils sont pour nous une réponse toujours prête contre les attaques de nos détracteurs. « Ce
» fut, dit-il, en parlant de l'Ordre de saint Benoît, une
» consolation qu'il y eut de ces asiles ouverts à tous ceux
» qui voulaient fuir les oppressions du gouvernement
» Goth et Vandale. Presque tout ce qui n'était pas seigneur
» de château était esclave : on échappait, dans la douceur
» des cloîtres, à la tyrannie et à la guerre..... Le peu de
» connaissances qui restait chez les barbares fut perpétué
» dans les cloîtres; les bénédictins transcrivaient quel-
» ques livres; peu à peu il sortit des cloîtres quelques
» inventions utiles. D'ailleurs, ces religieux cultivaient la
» terre, chantaient les louanges de Dieu, vivaient sobre-
» ment, étaient hospitaliers, et leurs exemples pouvaient
» servir à mitiger la férocité de ces temps de barbarie. »

« Je ne vous dirai pas, ajouta mon bénédictin, que notre Ordre se fait honneur d'avoir produit quarante papes, deux cents cardinaux, et je ne sais combien d'archevêques, d'évêques et de saints canonisés; nos plus beaux titres de gloire seront toujours, à mes yeux, d'avoir marqué notre place dans les annales de l'humanité par les services que nous avons rendus dans tous les temps, dans tous les lieux, et de n'avoir jamais failli à la devise : *pro Deo et Rege.* »

## VII.

## Décadence des bénédictins.

## Ferentino.

En me parlant ainsi, mon bénédictin s'était animé. Sa figure, jusque-là pleine de bonhomie et toujours prête à s'épanouir, avait pris une expression plus sérieuse. Comme il paraissait prendre autant de plaisir à me dérouler les destinées de son Ordre que j'en avais à les entendre, je ne voulus pas en rester là, et je profitai de ses bonnes dispositions pour continuer cet intéressant entretien.

— « Vous me parlez là, lui dis-je, des beaux temps de la vie monastique; mais il me semble qu'aujourd'hui.....

— « Ah ! me répondit-il en poussant un profond soupir, aujourd'hui, les bénédictins ne sont plus que l'ombre d'eux-mêmes. Pareille à un violent coup de tonnerre dont les roulements prolongés portent au loin le trouble et l'épouvante, la Révolution française de 1789 ébranla profondément l'institution des Ordres religieux. Les bénédictins ne résistèrent pas longtemps à cette formidable épreuve, et ils ont été emportés sans retour dans cet affreux cataclysme qui renversa chez vous le trône et l'autel. Et cependant, jusqu'à cette époque, jusqu'à ces jours terribles où elle disparut dans la ruine de l'ordre social, notre congrégation protégée par l'excellence de sa règle, avait soutenu avec honneur sa réputation dans les sciences, les lettres et les arts. Nous nous étions voués spécialement à l'instruction de la jeunesse, la France elle-même appréciait nos services, et Louis XVI, cet infortuné monarque qui paya de sa tête les fautes de ses prédécesseurs, Louis XVI n'avait pas craint de confier à des bénédictins la direction d'écoles militaires qu'ils conduisaient avec succès. »

. . . . . . . . . . . . . . . . . . . . .

« Aujourd'hui, il faut le reconnaître, le temps des monastères est passé. Toutes les choses de ce monde ont leurs destinées, *habent sua fata*. Celles des bénédictins sont accomplies, et les restes délabrés de ces magnifiques abbayes qui couvraient autrefois la France, l'Angleterre et l'Allemagne, ne sont qu'un trop fidèle emblème de l'état actuel des Ordres monastiques. L'esprit humain a pris un autre essor; il faut qu'il suive les voies nouvelles où il s'est engagé : vouloir l'arrêter, essayer de le ramener en arrière serait aussi insensé que de mettre la main sur le cratère d'un volcan pour l'empêcher de faire éruption. Pour nous, pauvres bénédictins du dix-neuvième siècle, tristes débris de cette gloire déchue, de ces splendeurs évanouies, nous nous éteignons lentement entre un passé qui nous écrase et un avenir qui nous repousse ; et le jour n'est pas éloigné où le dernier monastère verra disparaître le dernier bénédictin. »

» Jusque-là, fidèles aux traditions de nos prédécesseurs, nous nous efforcerons de les suivre dans la route qu'ils nous ont tracée. Aujourd'hui même, indépendamment des belles lettres et des sciences, on nous enseigne les langues vivantes et les beaux arts. Littérature ancienne et moderne, peinture, musique, rien ne nous est étranger. Cette éducation universelle nous rend essentiellement propres à instruire les jeunes gens ; et les familles les plus recommandables et le plus haut placées viennent encore chercher parmi nous des précepteurs pour leurs enfants »

» Bien que notre naissance et nos richesses aient toujours fait de notre Ordre une sorte d'aristocratie monacale, nous avons l'esprit libéral, et nous sommes Français par les idées et par le cœur. Nous avons pour principe qu'un bénédictin doit tout connaître ; aussi, vous pourriez voir dans nos bibliothèques des ouvrages dont ailleurs on ne prononce le nom qu'en se signant : Voltaire, J.-J. Rousseau, Volney, etc., etc. Vous comprenez qu'avec ce genre d'éducation, personne n'est moins rebelle que nous au mouvement que les idées suivent de nos jours. Nous admirons les conquêtes politiques et sociales de votre grande révolution ; et, malgré le coup mortel qu'elle nous a porté, malgré les excès affreux qui l'accompagnèrent, nous ne pouvons nous empêcher de reconnaître qu'elle fut une époque mémorable d'émancipation pour l'esprit humain, et qu'elle a marqué pour les sociétés modernes une nouvelle ère de perfectionnement et de progrès. »

» Vous n'êtes pas habitué, sans doute, à entendre un pareil langage dans la bouche d'un prêtre, ajouta-t-il en souriant, mais je tenais à vous faire connaître l'esprit des bénédictins. Si j'ai réussi à vous en donner une idée favorable, ou du moins à dissiper un peu les préventions qui existent contre eux, je m'estimerai doublement heureux de vous avoir rencontré ici. »

Il y avait bien un peu de quoi me surprendre en effet dans tout ce que venait de me dire le disciple de saint Benoît, mais il n'y avait rien qui pût m'empêcher d'avoir pour lui de la sympathie et de l'estime. Je l'assurai qu'il m'eût suffi de le connaître pour avoir une bonne idée des religieux de son Ordre, et que d'ailleurs leur patience et leur ardeur au travail étaient depuis longtemps proverbiales en France. Je ne pus m'empêcher de lui faire part du *danger* auquel je m'exposais volontairement en voyageant avec lui et ses deux PP. Abbés. Je ne lui fis pas même grâce des plus fameuses histoires qu'on m'avait racontées à ce sujet, et l'on juge des gorges chaudes que nous en fîmes ensemble. J'ajoutai qu'aux pressentiments favorables que m'avait toujours inspirés mon voyage, je devrais joindre dorénavant l'agrément assuré de l'avoir pour compagnon de route, et nous devînmes dès ce moment les meilleurs amis du monde.

Cette conversation ne m'avait pas empêché de faire une remarque assez curieuse, c'est que plus on s'éloigne de Rome, plus la campagne s'embellit et prend un aspect riant et animé. Il semble, en vérité, que cette capitale infortunée récèle dans ses flancs un foyer d'infection tel, que c'est seulement à une longue distance qu'elle retrouve sa force créatrice, ou plutôt que, effrayée par les scènes de dévastation accomplies en ces lieux, cette généreuse mère, *alma parens rerum*, s'est enfuie loin d'une cité tant de fois saccagée, et n'ose plus reparaître sur un sol où la main du temps et les fureurs des hommes semblent s'être plu à amonceler les ruines. (*)

Aux collines boisées qui nous avaient accompagnés ont succédé de petites plaines couvertes de céréales. La vigne s'élance d'un chêne à l'autre en montrant ses grappes en fleurs ; les Apennins se dessinent plus nettement à l'horizon, et leurs cimes chargées de neige étincellent au loin sous les feux d'un soleil éblouissant.

Cette contrée offre d'ailleurs un coup-d'œil assez pittoresque. A chaque instant, nos yeux découvrent un village ou une petite ville, perchés comme des nids d'aigle, sur

(*) Horace semble réellement animé du souffle prophétique lorsque, déplorant les guerres civiles qui déchirent sa patrie, il prédit au peuple romain les invasions des barbares, la profanation des tombes les plus sacrées, et tous les malheurs qui devaient fondre plus tard sur l'Italie :

Barbarus, heu! cineres insistet victor, et Urbem
Eques sonante verberabit ungula ;
Quæque carent ventis et solibus, ossa Quirini,
Nefas videre! dissipabit insolens.
(Horace ; *Epodes, ode XVI, Ad populum romanum.*)

le faîte de pics isolés. Cette disposition donne au pays un aspect singulier, et ces villes suspendues rappellent involontairement cette cité volante rencontrée par Gulliver dans ses merveilleux voyages. Parmi ces villes, nous distinguons particulièrement Fumone. Construite sur le sommet d'un énorme pain de sucre, elle se trouve tout-à-fait dans la position que Cicéron donne à Ithaque : *in asperrimis saxulis tanquàm nidulum affixum.*

Au milieu de ces cités aériennes, je ne dois pas oublier la petite ville d'Anagni. Aux plus beaux temps de la puissance spirituelle du St. Siége, à l'époque où les papes voyaient les monarques à leurs pieds, et disposaient en maîtres des trônes de l'Europe, les souverains de Rome ne se trouvaient pas toujours en sûreté dans leur capitale. Plus d'une fois, ils durent se retirer devant la sédition, et Anagni devenue un autre Mont-Sacré, dut à sa forte position l'honneur de recueillir dans ses murailles les pontifes fugitifs. (*)

Cette prédilection pour les lieux élevés paraît remonter à une haute antiquité, et avoir eu pour cause originaire la nécessité d'éviter l'air souvent humide et malsain des plaines. La situation de ces villes leur assurait en outre

(*) Anagni était digne, à plus d'un titre, de recevoir de si illustres hôtes ; les preuves de son antique valeur ont été consignées par Virgile au neuvième livre de l'Enéïde. Dans le dénombrement des peuples qui, lors de la descente d'Enée en Italie, volèrent se ranger sous les étendards de Turnus pour défendre l'indépendance du Latium, le poète latin cite avec honneur les habitants de la riche Anagni :

. . . . . . . . quos, dives Anagnia, pascis.

une protection qu'elles eussent vainement cherchée ailleurs et dont elles n'eurent que trop souvent occasion de profiter lors des invasions, et pendant les guerres intestines du moyen-âge. Dans ces temps funestes d'anarchie et de licence, le baron féodal lui-même craignait d'habiter la plaine, et cherchait à se garantir d'une attaque imprévue en s'établissant sur quelque sommet escarpé. Les habitants des campagnes, pillés et taillés à merci par leurs voisins, se réfugiaient autour du château seigneurial; ils augmentaient la force de leur baron en pourvoyant à leur sûreté, et mettaient à l'abri d'une surprise leurs biens et leurs personnes.

Le jour commençait à baisser quand nous arrivâmes à Ferentino où nous devions passer la nuit. Comme toutes celles que nous venons de voir, cette ville est située sur le faîte d'une montagne de forme conique. Paysans et paysanes revenaient alors à la ville après les travaux de la journée. Ils suivaient, en longues files, un sentier sinueux et rapide, portant sur leur tête de l'herbe pour les bestiaux, des instruments de travail, leurs enfants dans des corbeilles, et de larges vases en cuivre rouge remplis d'eau. Après une assez longue montée, nous entrons dans la ville, et notre voiture s'arrête devant une manière d'auberge que notre conducteur nous assure être le meilleur et presque le seul gîte de l'endroit. Nous sommes accueillis à la porte par un monsieur en tenue de père noble qui s'empresse de nous faire les honneurs de sa *locanda*. Quel horrible bouge! La cuisine par laquelle nous passons pour nous rendre à l'étage supérieur ressemble à une écurie; nos chambres sont de vrais chenils. Tout y est vieux et sale. Les fenêtres ferment à peine, les portes ne ferment pas du tout. Une table boiteuse, trois chaises dépaillées, composent avec un lit de fer de six pieds carrés, tout l'ameublement de ma chambre; et cet inventaire est si scrupuleusement exact, que j'eus toutes les peines du monde à me procurer le plus indispensable des meubles d'une chambre à coucher.

En attendant le dîner, nous nous mettons en quête, mon bénédictin et moi, de vieux restes de murailles signalés à notre curiosité par le *Guide* Artaria, et nous nous adressons, pour nous y conduire, à un paysan qui nous assure qu'ils sont à quelques pas de l'auberge. Ces hommes des champs sont partout les mêmes! Après dix, quinze, vingt minutes de marche forcée, à travers des rues sales, tortueuses et montueuses, nous craignons de nous faire attendre pour dîner, et, malgré les assurances de notre paysan qui persiste à affirmer que les murailles sont *à quelques pas de l'auberge*, nous sommes obligés de rebrousser chemin sans avoir rien vu. Toutefois notre course ne fut pas tout-à-fait perdue. Nous avions appris avec surprise que cette ville renfermait douze mille âmes; mais notre étonnement cessa quand nous eûmes parcouru ses rues étroites et populeuses. Cette excursion nous permit en outre d'examiner le costume des habitants de plus près que nous ne l'avions fait jusque-là. Il est assez pittoresque, et se compose, pour les hommes, d'une culotte courte en drap bleu, bas blancs, veste rouge, chapeau de feutre pointu à larges bords. Le costume des femmes est composé d'une coiffure dite à la paysanne, *alla contadina*, c'est-à-dire de larges pans de toile assis carrément sur la tête et tombant de chaque côté sur les épaules, corsage jaunâtre lacé par derriere, jupon rouge, fichu blanc, et tablier gros bleu avec une large ligne blanche dans le bas et deux lignes plus étroites à la partie supérieure.

Mais ce dont-il serait difficile de donner une idée, c'est la physionnomie fortement caractérisée de cette population. Sans être jolies, les femmes ont l'œil grand, noir et plein d'expression. Leur teint cuivré par un soleil ardent, la coupe de leur visage, et un je ne sais quoi d'étrange et d'inconnu ajoute à leur figure un cachet particulier qui frappe tout d'abord. L'habitude de porter des fardeaux sur la tête donne à leur maintien une sorte de dignité, et lorsqu'elles marchent pieds et jambes nus, portant sur le front avec une certaine grâce ces vases qui leur servent à transporter de l'eau, on croirait voir marcher une cariatide, ou quelque prêtresse de l'antiquité se rendant au temple pour y faire les préparatifs du sacrifice. (*)

A notre retour, nous trouvons notre *locandiere* occupé cette fois des détails de notre dîner. Il avait quitté son

(*) Horace nous apprend que, de son temps, Ferentino était un séjour délicieux. Il recommande particulièrement cette ville à un de ses amis, et ne trouve pas de lieu plus favorable pour vivre tranquille, dormir tard, éviter la poussière, le bruit des chars et le vacarme du cabaret :

Si te grata quies et primam somnus in horam
Delectat; si te pulvis strepitusque rotarum,
Si lædit caupona, Ferentinum ire jubebo.
(Horace; *Livre 1er, Ép. XVII, ad Scœvam.*)

costume de père noble pour prendre celui de cuisinier : la veste blanche avait remplacé l'habit noir et le *gibus* avait fait place au bonnet de coton. Il nous fit admirer en passant la beauté des viandes qu'il allait soumettre à notre appétit, et nous assura que nous allions être servis *subito*.

Nous le fûmes en effet au bout d'une demi-heure par ce nouveau Protée, qui cumulait dans son établissement les fonctions de patron, cuisinier et garçon de service.

Pendant ce dîner, j'eus le loisir de faire connaissance avec les deux Pères Abbés que jusque-là je n'avais fait qu'entrevoir. Ils me parurent être de bonnes gens, mais recueillis et peu communicatifs. J'ai déjà fait voir qu'il n'en était pas de même du secrétaire qui fit avec moi tous les frais de la conversation. Quant au dîner, il dut le bon accueil que nous lui fîmes, bien moins (n'en déplaise à notre hôte) à ses qualités réelles qu'à la longue promenade que nous venions de faire.

# VIII.

## De Charybde en Scylla.

## Marins et Murat.

J'avais maintes fois rappelé à notre voiturin l'obligation qu'il avait prise par écrit de nous faire arriver à St.-Germain assez tôt pour que nous eussions le temps de visiter le couvent du Mont-Cassin. « Giovanni, lui avais-je » dit, c'est votre affaire ; pas de Mont-Cassin, pas de » *buona mano* (pour-boire)! » Il se le tint pour dit, et le lendemain, il nous fit éveiller à trois heures et demie du matin. En ouvrant ma fenêtre, je ne fus pas peu surpris de me trouver en face d'un paysage suisse. L'auberge où nous étions descendus dominait la campagne environnante. Des montagnes boisées montraient de tous côtés leurs

5

flancs verdoyants coupés horizontalement par de blanches vapeurs ; d'immenses brumes, couvrant la plaine, lui donnaient l'apparence d'une vaste nappe d'eau, et la fraîcheur de l'atmosphère contribuait à entretenir l'illusion.

Nous partons. En peu de temps, le soleil, balayant toutes ces vapeurs, dissipe cette fantasmagorie, et nous rend une atmosphère italienne, un ciel d'une sérénité parfaite. La campagne se montre de plus en plus riche et brillante : les plaines sont couvertes de blés et de vignes qui croissent avec vigueur au milieu des oliviers, des ormeaux et des chênes.

Vers huit heures, nous atteignons Frosinone, autre petite ville perchée sur le faîte d'une montagne élevée. Son sommet nous offre un coup-d'œil plus riant que ce que nous avons vu jusqu'ici. Une petite rivière, au cours paisible et lent, serpente au milieu des prés de la vallée ; quelques moulins élevés sur ses bords répandent dans le pays l'animation et la vie. Des collines couvertes d'une riche végétation accidentent gracieusement le paysage ; les fleurs des prairies sont plus fraîches, les arbres sont plus verdoyants, et la campagne, élégante et coquette, semble parée comme pour un jour de fête. Là encore, nous retrouvons ces belles paysanes au costume chatoyant, au corps robuste, balançant sur leur tête avec autant de grâce que d'aisance, leur jeune famille, leurs instruments de travail, et ces amphores brillantes, pleines de lait qu'elles vont vendre, ou d'eau qu'elles viennent de puiser à la rivière. Nous ne pouvons oublier que nous avons fait quelque milles de plus pour nous éloigner de Rome : la population est mieux tenue et offre un air de prospérité que nous n'avons pas encore remarqué. Le temps est toujours admirable; pas un nuage ne vient troubler la pureté de l'atmosphère; et la chaleur, modérée par une légère brise du nord, donne à notre voyage un charme inexprimable.

Après avoir déjeûné à Ceprano, dernière ville de l'État-Romain, nous nous remettons en route. Mais bientôt l'approche de la frontière napolitaine vient troubler toute notre satisfaction. La douane et la police nous apparaissent au loin avec leur fastidieux cortège; et déjà nous nous voyons tracassés par l'une pour nos effets, harcelés par l'autre pour nos passe-ports. La douane et la police! fléaux redoutés, dont le nom seul fait frémir le touriste le plus intrépide. La perspective des retards qu'elles entraînent, des ennuis qu'elles causent, des frais qu'elles occasionnent, suffit pour empoisonner son bonheur et lui ravir longtemps à l'avance le calme nécessaire à une douce contemplation. Il voit, par la pensée, ses malles retournées et fouillées par des mains suspectes; son passeport, arche sainte, palladium précieux, colporté dans je ne sais quelles officines pour y recevoir des apostilles d'une utilité douteuse; il voit enfin des embarras sans nombre, des taxes vexatoires; et tant que cette épée de Damoclès demeure suspendue sur sa tête, sa pensée n'a plus de liberté, son esprit n'a plus de repos; il lui devient impossible de goûter un paysage, d'admirer un site: le souvenir des formalités qui l'attendent *manet alte mente repostum*.

Vers deux heures de l'après-midi, une borne monumentale, séparée en deux par une ligne verticale, nous apprend que nous sommes sur la frontière des deux pays. D'un côté, sont gravées deux clefs en sautoir ; de l'autre, s'épanouit une fleur de lys. Un pas de plus et nous avons quitté les États-de-l'Église pour entrer dans le royaume de Naples. Quelques instants après, nous comparaissons devant messieurs de la police napolitaine. La célérité et la complaisance ne sont pas le fort de ces fonctionnaires. Malheur au pauvre *forestiere* qui arrive trop tôt ou trop tard, pendant le dîner ou pendant la sieste ! Il a tout le temps, en pareil cas, de faire des réflexions sur l'agrément des voyages en Italie, et de vouer à tous les diables la police tracassière et mal apprise de ce pays. Toutefois, grâce à la présence des bénédictins, la cérémonie fut un peu abrégée, et nous en fûmes quittes pour un retard d'une demi-heure.

Il ne nous suffisait pas d'avoir échappé à Charybde : Scylla nous attendait à peu de distance avec sa ceinture de limiers flairant au loin leur proie (*).

Pour éviter un nouveau retard, le père Matteo, (c'est ainsi que se nommait mon voisin), était allé devant en parlementaire. Il assura à messieurs de la douane que, de près ou de loin, nous étions tous attachés au couvent du Mont-Cassin, et qu'en conséquence, nous étions tout-à-fait incapables de nous livrer à la contrebande. Cet argu-

(*) Candida succinctam latrantibus inguina monstris.

VIRG., *Eglogue VI.*

ment, joint à un demi écu romain qu'il laissa tomber dans la *gueule du monstre*, suffit pour nous ouvrir un libre passage; et, quand nous arrivâmes, les Pères Abbés, qui venaient de mettre toutes voiles dehors, purent faire disparaître leurs croix épiscopales et les insignes de leurs dignités. Plus heureux qu'Ulysse en pareille occurence, nous nous étions tirés d'affaire moyennant un modeste tribut, et nous passâmes devant le redoutable repaire sans y laisser aucun de nos compagnons.

Peu de temps après, mon voisin me fit remarquer, au sommet d'une montagne élevée, une vaste fabrique blanchâtre se détachant vivement sur un fond gris ardoise. C'était le couvent du Mont-Cassin. Je me trouvai désormais rassuré contre la crainte de ne pas arriver assez tôt pour le visiter, et je m'empressai d'en faire mes compliments à Giovanni qui valait décidemment mieux que sa figure.

Toutefois, ce n'est que deux heures après, c'est-à-dire vers cinq heures du soir, que nous arrivâmes à Saint-Germain. Cette ville, littéralement située au pied de la montagne sur laquelle s'élève le couvent, est la première des Etats du roi de Naples.

Quelques instants avant d'y entrer, nous passons entre deux ruines d'un caractère et d'un âge bien différents. L'une est pour ainsi dire une ruine moderne; c'est un vaste bâtiment carré construit il y a environ deux cents ans pour y établir un séminaire qui n'a jamais été habité. Il était à peine achevé que des lézardes s'y manifestèrent de tous côtés. On s'aperçut alors que ses fondations reposaient sur des excavations souterraines, et on l'abandonna pour le reconstruire à côté du couvent du Mont-Cassin. Le bâtiment est encore debout ; mais l'herbe croît dans ses larges fissures, et ses murailles, vieilles avant la consécration des siècles, n'offrent ni intérêt ni grandeur.

L'autre ruine, infiniment plus remarquable, est un amphithéâtre de construction antique. Il y avait en cet endroit, du temps des Romains, une ville florissante appelée Casinium. Cette ville, ayant été plusieurs fois saccagée et ruinée, se trouvait presque abandonnée, lorsqu'un pieux évêque du nom de saint Germain, vint en ces lieux attiré par l'ancienne réputation des eaux sulfureuses qui se trouvent dans les environs. Après y avoir recouvré la santé, il y fixa sa demeure, et donna son nom à ce qui restait encore des débris de la vieille ville romaine. La montagne voisine, sur laquelle s'élève aujourd'hui le couvent du Mont-Cassin, conserva seule son nom, et servit à désigner le berceau de l'Ordre des bénédictins. Cet amphithéâtre, autant que nous pûmes en juger de la route, n'était pas très vaste, mais il est assez bien conservé.

Non loin de là, on trouve les restes des anciens thermes dont la renommée avait attiré saint Germain. Les eaux qui s'y trouvent passent pour avoir d'assez nombreuses qualités; mais l'abondance des sources thermales de l'île d'Ischia, dans le golfe de Naples, les a fait abandonner depuis longtemps.

Nous n'avions pas assez de temps pour visiter ces objets : le couvent du Mont-Cassin, déployant au-dessus de nos têtes sa magnifique façade, nous appelait à haute voix vers lui. Aussi, nous passons sans nous arrêter, et nous nous hâtons d'entrer dans la ville.

Dès le premier abord, nous constatons la différence d'aspect qui existe entre St--Germain et les villes que nous venons de traverser. Ici tout prend un air de vie et d'élégance auquel nous ne sommes pas habitués. Les habitations neuves ou restaurées sont plus nombreuses ; on y remarque un goût moins pur peut-être, mais aussi moins sévère ; et nous examinons avec une sorte d'admiration une belle maison de construction récente, où le luxe de frontons et de colonnes de l'architecture ancienne se trouve heureusement adapté aux exigences des habitations modernes. C'est chose curieuse pour nous à tous égards ; car à Rome, les constructions neuves elles-mêmes ont un air de vétusté inexplicable. On dirait qu'elles viennent d'être exhumées, et ressemblent toujours un peu à d'anciens édifices que des fouilles récentes viennent de rendre à la lumière. Il règne pour ainsi dire, sur cette vieille cité, une atmosphère d'antiquité qu'elle ne peut secouer, et l'air qu'on y respire semble imprégné d'un fluide particulier dont l'influence se révèle à chaque instant et sous toutes les formes (*). Mais, il faut en convenir, on pardonne bien vite ce défaut à la Ville éternelle, quand

(*) Si nous en croyons Suétone, il y a longtemps déjà que Rome aurait encouru ce reproche ; seulement le terrible critique qui le lui adressa alors, lui fit payer cher, cette fois, l'impression désagréable qu'il avait reçue. D'après cet auteur, l'incendie de Rome par Néron

on voit la beauté traditionnelle de ses femmes, et le parfum de grâce antique répandu sur toute leur personne.

Nous avons fait notre entrée dans la ville de St.-Germain en compagnie du Garigliano, jolie petite rivière qui coule à notre droite, et nous sépare des belles prairies qu'elle arrose. Ses eaux limpides accourues des cimes neigeuses de l'Apennin, vont, après cent gracieux méandres, se jeter dans la Méditerranée, et les riantes collines qui l'avoisinent, heureuses de la protéger quelques instants contre les ardeurs du soleil, mirent dans ses eaux leurs flancs verdoyants. Elle portait autrefois le nom de Liris et séparait le Latium de la Campanie. Quelques milles avant son embouchure, la pente du terrain n'étant plus assez forte pour faire écouler les eaux, elles se répandent dans la campagne, et donnent naissance aux marais de Minturnes que Marius a rendus célèbres. C'est en ces lieux que vint se réfugier l'intrépide général, rival malheureux de Sylla. Trahi par la victoire qui tant de fois lui avait été fidèle, abandonné par ses compagnons lâches ou perfides, déclaré ennemi de la patrie, le vainqueur des Cimbres et des Teutons, Marius six fois consul, dut s'ensevelir dans la vase pour échapper aux poursuites des ses ennemis.

aurait eu pour motif l'aspect choquant de ses vieux édifices et le peu de largeur de ses rues:

Nero . . . . . . . . . quasi offensus deformitate veterum ædificiorum, et angustiis flexurisque viarum, incendit urbem.

SUÉTONE; *In Nerone* N° LVI.

C'est encore sur les bords de cette rivière, aux environs de St.-Germain, que fut livrée, au mois de mai 1815, la bataille dans laquelle le général Nugent qui commandait les Autrichiens, défit l'armée du roi de Naples, Murat. C'est là que le vaillant lieutenant de Napoléon trouva son Waterloo; c'est là que, malgré des prodiges de valeur, ce prince que son courage et son impétueuse ardeur avaient fait comparer aux héros d'Homère et surnommer l'Ajax français, vit échouer ses derniers efforts pour conserver un trône décerné à ses brillantes qualités. Vainement il déploya sur ce champ de bataille toutes les ressources de son génie bouillant et audacieux; vainement il tenta de communiquer à ses soldats l'ardeur indomptable dont il était animé; c'en était fait, l'étoile des modernes Césars avait pâli, l'aigle n'était plus dans le secret des dieux, et le vainqueur de cent batailles luttait en vain contre sa destinée.

En traversant ces lieux désormais illustrés par sa défaite, il me semblait voir l'infortuné monarque, grandi par le péril, électrisé par le danger, présent partout à la fois et suivant avec anxiété les phases de cette lutte suprême; puis, trahi par la victoire, impuissant à prolonger un combat désespéré et obligé de prendre la fuite pour ne pas tomber au pouvoir de son vainqueur.

Qui saurait dire ce qui se passa alors dans l'âme du malheureux prince? Qui pourrait exprimer ses angoisses lorsque, du haut des mammelons qui couronnent St.-Germain, il vit ses soldats débandés fuyant en désordre devant ces Autrichiens dont il était naguères la terreur? Qui saurait peindre enfin le désespoir de ce grand cœur en sentant le sceptre s'échapper de ses mains, et la couronne royale violemment arrachée de son front?..... Grandes et indicibles douleurs devant lesquelles la plume sera toujours impuissante!

Encore, si dans la chaleur du combat, une balle fut venue dérober le monarque découronné aux nouveaux revers qui l'attendaient! Si du moins, une mort digne de ce héros l'eût renversé sur le champ de bataille, au milieu des braves tombés à ses côtés! Mais non, pareil au fils de Thétis, le grand capitaine semblait invulnérable. En vain il affronta mille morts; en vain il chercha le trépas dans ces charges brillantes où le cœur du soldat l'emportait sur la prudence du monarque : le destin lui réservait de plus cruelles épreuves. Désormais errant et fugitif, il devait trouver dans son royaume une plage inhospitalière, et tomber à Pizzo sous le plomb meurtrier de ses propres soldats!

Ainsi, en mettant le pied sur ses anciens Etats, à la veille d'entrer dans son ancienne capitale si pleine de ses souvenirs et qui bénit encore sa mémoire, l'image de ce malheureux prince se dressait sanglante devant moi, comme pour rappeler à un cœur français un des plus brillants héros de l'épopée impériale, et un des plus terribles revers qui puissent frapper un mortel.

Etrange rapprochement! Une petite rivière réunissait

alors dans ma pensée les souvenirs de deux grands capitaines également illustres, également infortunés. A deux mille ans de distance, elle avait vu Marius et Murat, partis tous deux des rangs obscurs de la société, cent fois vainqueurs des guerriers du Danube et des hordes de la Germanie, élevés par leur seul mérite, aux plus hautes positions, aux plus glorieuses destinées, tous deux vaincus, fugitifs devant leurs ennemis, et obligés de chercher leur salut, l'un, dans la vase de ses rives, l'autre, sur les montagnes dont elle baigne le pied !

Et aujourd'hui, le bruit des victoires de Marius s'est perdu à travers les siècles, le roi de Naples a expié sur les rivages de la Calabre quelques années de grandeur et de gloire, et la petite rivière coule encore, toujours fraîche, toujours limpide, au milieu des bosquets de verdure et des prairies émaillées de fleurs.

## IX.

### Dieu ou prophète ?

### Comme quoi il ne faut pas se fier aux apparences.

### Arrivée au couvent du Mont-Cassin.

En descendant de voiture à Saint-Germain, notre premier soin fut de chercher les moyens d'exécuter notre ascension au couvent. Les deux Révérends Abbés, qui le connaissaient depuis longtemps, n'ayant pas voulu être de la partie, notre caravane se trouva réduite à trois personnes : le P. Matteo, le jeune Romain qui voyageait avec nous et moi.

Nous eûmes à peine fait connaître notre intention que des ânes, monture ordinaire et presque seule possible pour ces sortes d'expéditions, nous arrivèrent de tous côtés, et ne nous laissèrent plus que l'embarras du choix. Ils étaient tous d'une petitesse désespérante ; et, pour un cavalier d'une taille notoirement au-dessus de la moyenne, l'obligation d'enfourcher un de ces quadrupèdes avait réellement quelque chose d'inquiétant. Don Quichotte, chevauchant sur Rossinante, semble déjà passablement comique; mais l'amoureux de la belle Dulcinée, trônant sur le baudet de son compagnon, dépasse toutes les limites du grotesque. Il fallut bien me décider cependant. Malgré le soin que j'eus de prendre le moins petit de ces hippogriffes, je ne pus empêcher que monture et cavalier n'offrissent un aspect fort divertissant. De longues jambes touchant presque à terre, un accoutrement de voyage assez pittoresque, une barbe touffue d'une couleur peu répandue en Italie donnaient à tout mon individu un cachet fort piquant de singularité. Du reste, si j'avais pu en douter, je l'aurais appris par les rires homériques qui m'accueillaient sur mon passage. Un feu croisé de plaisanteries tombait sur moi de tous côtés ; l'Hilarité, en personne, semblait assise sur la croupe de mon baudet et trotter avec moi.

Entraînés par l'exemple, mes compagnons eux-mêmes finirent par se mettre de la partie :

— « *Per Bacco !* s'écria le jeune Romain en me toisant d'un air narquois, il me semble voir Apollon caracolant sur Pégase.

— « Allons donc, répondit gravement le P. Matteo,

le signor ressemble tout-à-fait au prophète Balaam monté sur son âne. »

Quant à moi, sans contester le mérite de ces flatteuses comparaisons, je marchais, calme comme le prophète, mais plus généreux que le dieu du soleil,

Car je poursuivais ma carrière
Sans verser des flots de lumière
Sur mes obscurs blasphémateurs.

A chacun de nous, ou plutôt à chacun de nos ânes était attaché un enfant *(ragazzino)* chargé de stimuler l'ardeur de nos bucéphales à longues oreilles. Ces jeunes industriels portaient, comme insignes de leurs fonctions, une branche de châtaignier dont, il faut le dire, ils n'épargnaient guère la croupe de ces pauvres bêtes.

Dès les premiers pas, nous apercevons au faîte de son rocher escarpé, *pendens de rupe*, le monastère du Mont-Cassin, littéralement suspendu sur nos têtes. Il semble que nous allons y arriver en quelques instants, mais notre illusion est telle que ce n'est qu'après cinq quarts d'heure de marche que nous pourrons y parvenir.

Du reste, le chemin est charmant. Les pieux disciples de saint Benoît, il faut leur rendre cette justice, ne s'entendaient pas moins bien à se donner les agréments de la vie qu'à faire de gros livres et de patientes recherches. Ils pensaient qu'un bien-être matériel convenable ne nuit point aux travaux de l'intelligence, et nous vîmes, pendant ce petit voyage, plus d'un exemple de l'application de ce principe. La route que nous suivons, taillée en larges zigzags dans les flancs rocailleux de la montagne, est bordée sur toute sa longueur par d'épais taillis et de grands arbres. Du côté de la plaine, elle offre un panorama admirable qui va sans cesse en grandissant, et ne cesse de s'étendre que lorsqu'on est arrivé au couvent. A moitié chemin, une petite chapelle destinée aux stations est ouverte aux dévôts ; des croix, plantées de distance en distance, consacrent les lieux où le fondateur du monastère, le modeste saint Benoît, avait coutume de s'asseoir pour prendre du repos; et près de l'une d'elles, un grillage en fer protège l'empreinte des pieds du saint anachorète conservée dans le rocher.

Nous rencontrions peu de monde, on le comprend, sur une route qui n'est guère fréquentée que par les curieux et les fournisseurs du couvent; aussi, fûmes-nous agréablement surpris lorsqu'au tiers du chemin environ, nous aperçûmes trois jeunes filles debout sur le talus de la route qui regarde la vallée. Pensives et silencieuses, elles paraissaient absorbées dans la contemplation du magnifique paysage déployé sous leurs yeux. « A la bonne heure ! me dis-je, voilà des jeunes filles de bon sens et de goût. Au lieu de perdre sottement leur temps à babiller ou à faire les coquettes dans les rues de la ville, elles viennent sur cette montagne se délasser des travaux de la journée et respirer l'air frais et pur du soir. »

Leur apparition m'offrait d'ailleurs un intérêt particulier : nous venions d'entrer dans le royaume de Naples, et c'étaient les premières jeunes femmes que nous eussions rencontrées. A notre approche, elles se retournèrent toutes les trois, et je les considérai avec attention. Grandes, bien découplées, nu-tête suivant l'usage du pays, elles paraissaient âgées de vingt à vingt-deux ans. Leur teint avait la couleur d'un panatélas, leurs cheveux d'un noir brillant s'ouvraient sur leur front comme les ailes d'un corbeau, et leur tenue annonçait des jeunes filles appartenant à une famille du peuple aisée.

Le petit drôle qui conduisait mon âne s'était aperçu de l'intérêt que je prenais à ces belles filles, et à peine avions-nous passé devant elles, qu'il me dit en clignant les yeux d'une certaine manière: « *Vuole...? Vuole...?* » Je croyais mal comprendre, je dus le faire répéter. « *Vuole....?* » reprit-il en faisant un mouvement de tête du côté des Napolitaines. Cette fois, il n'y avait pas à s'y tromper. Toutefois, ces mots demandaient une explication. Elle ne se fit pas attendre, et ne fut pas moins claire qu'instructive. Des détails aussi affligeants par eux-mêmes qu'à raison de la bouche qui les donnait, m'apprirent une fois de plus qu'il ne faut pas se fier aux apparences. Ces trois belles filles, qui m'avaient tant édifié par leur promenade hygiénique et sentimentale, se trouvaient sur cette route avec une tout autre intention que celle de respirer un air frais et pur : elles appartenaient à cette classe de femmes que les artistes devraient toujours chercher, mais que les voyageurs doivent fuir.

Ainsi, à peine entré dans le royaume de Naples, la corruption m'apparaissait aux portes d'un couvent, et elle m'était révélée par un enfant de douze ans!

Il ne fallut rien moins que notre arrivée pour dissiper les pénibles réflexions que m'avait suggérées cette rencontre. A quelque pas de l'entrée, nous quittons, non sans une vive satisfaction de ma part, nos ridicules montures; et, après les avoir laissées sous la garde de nos *grooms* respectifs, nous suivons le P. Matteo qui nous sert d'introducteur. En visitant un couvent de son Ordre, le brave bénédictin espérait naturellement y rencontrer quelques connaissances : il ne se trompait pas, car dès avant que nous fussions entrés, il trouva de vieux amis dans quelques moines qui rentraient au couvent. Il en résulta des effusions sans fin pendant lesquelles j'examinai l'extérieur de l'édifice.

Nous étions alors devant la façade latérale qui regarde St.-Germain. Dans la construction de ce couvent, on a visé surtout à élever un monument qui, frappant au loin les regards par des dehors imposants, annonçât à la fois la puissance et la richesse du berceau de l'Ordre des bénédictins. Pour atteindre ce but, on n'a pas craint de sacrifier la façade, ou du moins de la dérober entièrement aux yeux des visiteurs. Ainsi, cette façade que nous avions aperçue deux heures avant d'arriver, et que nous n'avions pas perdue de vue pendant le reste de la route, il ne nous fut plus possible de la voir dès que nous fûmes parvenus au couvent. Elle se développe toute entière du côté de la plaine; et, de ce côté, la montagne est taillée à pic comme une immense muraille. On pénètre à l'intérieur par un long corridor voûté et montant. Pendant l'espace de quelques mètres, les parois de ce corridor présentent une apparence rustique et sont revêtues de cailloux grossiers. « C'est là, nous dit-on, un reste de l'abbaye primitive construite par saint Benoît lorsqu'il vint en ces lieux fonder l'Ordre des bénédictins. » Je dois ajouter que cette légende ne me parut pas être un article de foi, même pour les moines qui nous la faisaient connaître.

Il est difficile de se faire une idée de l'impression qu'on éprouve lorsque, après cette longue et pénible montée, en sortant de ce couloir étroit et obscur, on arrive tout-à-coup dans l'intérieur du cloître. Des cours, des portiques, des colonnes, des galeries s'offrent à la fois aux regards étonnés, et l'on se demande si l'on n'est pas le jouet de quelque hallucination. On a peine à croire que, au sommet de cette haute montagne, au milieu de ces arides rochers, la main de l'homme ait pu élever un de ces édifices qui partout ailleurs exciteraient encore l'admiration. Cette imposante réunion de toutes les richesse de l'architecture a un aspect grandiose qui confond l'esprit. On dirait qu'un autre Michel-Ange a réalisé le vœu de transporter au sommet d'un mont escarpé un de ces palais élevés par son génie, ou que la baguette d'un magicien a fait sortir de terre tout d'un coup un de ces merveilleux châteaux enfantés par l'imagination des poètes.

Nous n'étions pas encore revenus de notre étonnement lorsqu'apparurent les seigneurs du lieu. C'étaient deux moines chargés de faire les honneurs du couvent. L'un était tout jeune, blond et de la figure la plus distingée ; l'autre était un homme d'une trentaine d'années, brun et rehaussant par la noblesse de son maintien de beaux traits fortement caractérisés. Tous deux étaient d'une taille avantageuse et portaient avec grâce leur longue robe noire d'un drap fin et soyeux. Leur tenue était irréprochable, et ils joignaient dans leurs manières la dignité du prêtre à l'aisance de l'homme du monde. A leur arrivée, le plus jeune se jette dans les bras du P. Matteo, et le plus âgé, se tournant de mon côté, m'offre ses services de la manière la plus obligeante. Les compliments échangés, nous nous hâtons de commencer notre visite, car nous avons peu de temps à rester et beaucoup de choses à voir.

## X.

### Le couvent du Mont-Cassin.

### Effet inattendu d'un clair de lune.

Avant d'aller plus loin, nous ne pouvons nous refuser le plaisir d'examiner en détail les trois cours contiguës autour desquelles s'élèvent les bâtiments du couvent. La plus belle, celle du milieu, est séparée des deux autres par une élégante colonnade qui laisse pénétrer dans les cours latérales, et sert en même temps de soubassement aux terrasses de l'étage supérieur. Au milieu de cette cour on remarque une citerne de forme monumentale qui fournit de l'eau au couvent.

Au fond de la cour principale, règne un grand et large

escalier qui conduit à l'église. Deux statues en marbre blanc s'élèvent à ses pieds : l'une est celle de saint Benoît, l'autre représente sainte Scholastique, sœur jumelle du pieux cénobite.

Avant d'entrer dans l'église, nous donnons un coup-d'œil à ses belles portes de bronze, fondues vers le milieu du XIe siècle, et sur lesquelles se trouve inscrit le nom des domaines appartenant alors au monastère. Nous parcourons ensuite le portique qui la précède. C'est là que sont rangés les bustes et les statues des bienfaiteurs de l'Ordre des bénédictins, et particulièrement du couvent du Mont-Cassin. A droite, sont disposés les papes ; à gauche, les rois, les empereurs, les princes. C'est assurément une noble pensée que celle d'avoir ainsi réuni le souvenir de tous ceux qui ont contribué à la splendeur de l'illustre congrégation ; et ce portique, véritable temple élevé à la Reconnaissance, fait autant d'honneur aux moines qui l'ont érigé qu'aux hommes généreux dont la mémoire s'y trouve conservée.

Si la cour d'entrée m'avait frappé par sa magnificence, l'église ne me surprit pas moins par sa richesse. Un volume suffirait à peine pour détailler toutes ses beautés, et l'on demeure interdit à la pensée des trésors que dût exiger tant de magnificence. Élégante et spacieuse à la fois, cette église est un véritable bijou que l'on ne saurait mieux comparer qu'à un chef-d'œuvre de marqueterie. Les marbres les plus précieux, les pierres les plus rares s'y trouvent prodigués ; et l'on dirait qu'assouplis sous la main du décorateur, et colorés au gré de ses désirs, ces marbres se sont prêtés eux-mêmes à toutes ses fantaisies pour couvrir les murailles de festons et de fleurs. Les agates, les lapis-lazzuli se joignent aux peintures pour embellir les chapelles, et tout revêt, jusque dans les moindres détails, un caractère d'élégance et de richesse qui lasse la surprise et fatigue l'admiration. Ce n'est pas que, au point de vue de l'art, on ne pût trouver matière à critique dans le style de cette église et dans toute son ornementation; mais, à l'époque où elle fut construite, les moines obéissaient au mauvais goût du XVIe siècle, et l'on peut dire qu'en subissant son influence, ils déployèrent tout le luxe capable de faire pardonner ce défaut.

Pour moi, je restais confondu. « Il faudrait un mois, me dit le plus jeune des bénédictins, pour visiter convenablement le couvent du Mont-Cassin. » Le fait est que j'avais peine à m'arracher de chacun des objets que nous visitions, et il ne fallut rien moins que les avertissements de mes guides pour me décider à passer dans le chœur et dans la sacristie. Là, nous sommes arrêtés par de magnifiques sculptures sur bois rehaussées d'or, et une vingtaine de missels des XIIIe, XIVe et XVe siècle. Ces derniers ouvrages, véritables œuvres de bénédictins, sont des plus remarquables : les uns étonnent par la naïveté du dessin, les autres par le fini de l'exécution, tous par la conservation et la richesse du coloris.

Nous sommes obligés de parcourir à la hâte le réfectoire et la galerie des tableaux; puis, comme le jour commence à baisser, nous montons sur les terrasses pour jouir de la beauté du coup-d'œil. Construites sur le sommet le plus élevé de la plus haute montagne des environs, ces terrasses dominent toute la contrée environnante, et permettent d'embrasser d'un seul regard un immense panorama. Riantes vallées, larges plaines, collines boisées, cimes neigeuses, tout s'offre à la fois à l'œil surpris et émerveillé. A cette vue, l'esprit est saisi de vertige; il semble qu'on ait cessé d'habiter la terre : on se croit transporté dans des sphères supérieures. Aussi, les moines appellent ce lieu le *Paradis*, et, je dois le dire, c'est un nom qu'on ne songe guère à lui contester dès qu'on s'y est arrêté quelques instants.

Il faut convenir d'une chose : c'est qu'en plaçant leurs couvents sur des hauteurs solitaires, les fondateurs d'établissements religieux avaient fait une appréciation aussi juste que profonde de la nature humaine. Rien ne dispose au recueillement de la vie monastique comme la contemplation et l'isolement; rien n'élève l'âme comme la solitude lorsqu'elle s'unit au spectacle des splendeurs de la création. Du haut de son pieux asile, le moine, dégagé des liens qui nous attachent à cette terre, s'habitue à ne voir en elle que l'arène dévorante de nos disputes, de nos plaisirs, de nos chagrins, le théâtre éphémère où l'homme gaspille la fleur de ses années, épuise l'énergie de son esprit, risque la félicité de son âme. Il prend en pitié les intérêts mesquins qui nous divisent, se rit des misérables passions qui nous agitent, et apprend à n'avoir plus qu'une pensée, qu'un but : le culte de Dieu. Isolé entre le ciel et la terre, seul à seul désormais avec le Créateur, il prend une idée plus noble et plus élevée de l'Être-Suprême : il n'hésite plus à déposer à ses pieds et son orgueil et sa vanité. Il sent mieux qu'il n'est qu'un atôme au milieu des mondes qui roulent autour de lui ; et que la Puissance infinie qui couvre la terre de végétaux, règle le cours des astres, et souffle dans les êtres animés le feu sacré de la vie, est mille fois plus supérieure à lui-même qu'il ne l'est au caillou qu'il foule aux pieds.

Je m'arrachai de ce lieu avec le sentiment qui me suivait partout : le chagrin de ne pouvoir m'arrêter plus longtemps. J'aurais voulu pouvoir, comme Josué, arrêter le soleil dans sa course; mais Josué avait à tailler en pièces l'armée d'Adonisédec, et je n'avais qu'un couvent à visiter. Aussi, le soleil méprisa-t-il mes désirs, et lorsque nous quittâmes le *Paradis*, l'astre inexorable, franchissant les limites de l'horizon,

Allait chez Thétis
Ranimer dans l'onde
Ses feux amortis.

A la suite de ces délicieuses terrasses se trouve le salon de lecture qui communique avec elles par une porte vitrée. Sur un large tapis vert s'étale une foule de revues et journaux italiens, français, anglais, allemands ; et des canapés disposés autour du salon offrent au lecteur tous les agréments d'un *comfort* de bon goût. « En vérité, tout cela est admirable ! m'écriai-je. Ma foi, Messieurs, si jamais je me fais moine, je veux être bénédictin, et je choisis votre couvent pour retraite : du moins, je m'estimerai heureux si vous voulez bien me trouver digne d'entrer *in vestro sancto corpore.* » Cette sortie fit sourire les moines qui s'inclinèrent poliment. C'est qu'en effet bien des hommes du monde s'accommoderaient volontiers des *austérités* du cloître quand on les entend de cette façon ; et il n'est personne, je crois, qui ne fut enchanté de passer sa vie dans un séjour où l'on trouve bonne compagnie, bon gîte, bonne table sans doute, et le reste.

Nous avions vu le plus intéressant, mais nous n'avions pas tout vu. Nous parcourons à la hâte la bibliothèque qui contient trente-six mille volumes et un grand nombre de livres précieux. Toutes ces richesses sont renfermées dans d'élégantes armoires en bois de noyer sculpté, surmontées des bustes des plus illustres docteurs de l'Ordre des bénédictins. Nous passons ensuite dans la salle des archives. Là, se trouve une foule de manuscrits remontant aux VI$^{e}$, VIII$^{e}$ et XI$^{e}$ siècle, ainsi qu'un grand nombre de bulles et diplômes délivrés par les papes, les empereurs d'Allemagne et les princes normands. Plusieurs de ces manuscrits sont ornés de peintures fort curieuses et pleines d'intérêt pour l'histoire de l'art. Ce salon renferme, en outre, un beau siège à bain en marbre rouge antique trouvé dans les thermes ruinés de l'ancienne Casinium.

. . .

Nous terminons notre visite par l'imprimerie. C'est là que s'éditent les ouvrages composés par les moines ou par d'autres congrégations qui viennent quelquefois réclamer le secours des presses du couvent. Mais ces travaux ne suffisent pas pour donner de l'occupation aux ouvriers, et l'on y imprime également pour le compte du public.

Il ne nous restait plus qu'à remercier les moines de leur obligeance et de leur bon accueil ; toutefois, ne voulant pas quitter ce monastère fameux sans avoir quelques détails sur l'époque et les circonstances de sa fondation, je m'adressai pour cela à l'un des bénédictins qui nous conduisaient, et il s'empressa de satisfaire ma curiosité.

— « Monsieur, me dit-il, si nous comparons aujourd'hui le couvent du Mont-Cassin à ce qu'il était jadis, nous lui trouverons à la fois et une splendeur remarquable et un abaissement cruel. Après avoir achevé ses études à Rome d'une manière brillante, saint Benoît, dégoûté du monde et désabusé des plaisirs, s'était retiré dans une caverne des environs de cette ville. Des persécutions l'ayant forcé à quitter sa retraite, il vint, au commencement du VIe siècle, s'établir avec quelques disciples auprès de Casinium, sur les lieux mêmes que nous parcourons. Il ne tarda pas à convertir les idolâtres, et fonda en ces lieux un monastère qui est devenu le chef-lieu et le berceau de presque tous les Ordres religieux de l'Europe. Son nom devint bientôt célèbre en Italie. Totila, roi des Goths, qui dévastait alors ce pays, vint lui rendre visite, et entendit sans courroux les reproches du pieux anachorète. Pillé et détruit plusieurs fois, le monastère du Mont-Cassin renaissait toujours de ses ruines plus révéré et plus magnifique. Chaque jour, de nouvelles donations venaient s'ajouter aux richesses que le travail lui avait procurées ; chaque jour, sa puissance morale grandissait avec le nombre de ses domaines. Les possessions du couvent furent alors érigées en fief ; l'abbé, créé baron du royaume, ne releva plus que du souverain, et le monastère eut sans cesse sous ses ordres, une armée nombreuse toujours prête à protéger ses vassaux et à voler à la défense de son roi. Les moines devinrent de vaillants chevaliers, et rien n'égalait leur bravoure dans les combats, si ce n'est leur patience et leur ardeur au travail, lorsque rentrés dans leurs modestes cellules, ils quittaient la cuirasse pour la robe et l'épée pour la plume. »

« C'est aux XI^e et XII^e siècles que remonte la plus brillante époque de l'histoire des bénédictins. Indépendamment de ses richesses, notre puissante abbaye possédait alors de nombreux privilèges; les lettres et les sciences y étaient cultivées avec succès, et de toutes parts on accourait dans son enceinte pour y entendre la parole savante et féconde de ses professeurs. La médecine surtout y était l'objet d'études profondes et consciencieuses, et l'école de Salerne, qui plus tard acquit une si grande célébrité, sortit tout entière des chaires du couvent du Mont-Cassin. »

» Il y a loin, vous le voyez, de ces hommes puissants et fameux aux quinze moines qui habitent maintenant ce monastère. Nous ressemblons aujourd'hui à ces fils de noble famille que leur grand nom embarrasse, et qui s'efforcent en vain de soutenir l'honneur de leur blason. Depuis longtemps, le flot des intelligences nous a débordés;

la puissance temporelle et le flambeau des lumières ont changé de main, et nous luttons sans espoir contre l'oubli qui nous gagne de tous côtés. »

— » Quelles que soient vos destinées futures, répondis-je, il restera toujours un éternel honneur aux bénédictins : celui de n'avoir pas désespéré de l'intelligence humaine et d'avoir su conserver dans leurs pieuses retraites des trésors désormais impérissables qui font à la fois la gloire de l'humanité et les délices du monde civilisé. »

En nous reconduisant, les moines nous reprochèrent vivement de ne pas leur avoir consacré au moins quelques jours, et ils voulaient absolument nous faire souper et passer la nuit au couvent. J'avoue que, pour ma part, j'aurais tout accepté, tant l'offre était faite avec cordialité et la résidence somptueuse. Mais nous étions attendus à St.-Germain, et nous devions partir le lendemain de bonne heure. Il fallut donc refuser bon gré mal gré. Toutefois les aimables bénédictins ne me laissèrent point partir sans m'avoir fait promettre de venir les voir en revenant de Naples, et après avoir échangé mille et mille compliments affectueux, nous allâmes rejoindre nos montures.

Il était alors nuit close. Heureusement pour nous, un clair de lune magnifique rendait tout à fait sans danger la longue descente que nous avions à faire. La beauté du temps et la fraîcheur de la soirée nous engagèrent à suivre nos ânes à pied pendant quelque temps ; mais le chemin rapide et raboteux rendait notre marche difficile et pénible; aussi, nous préférâmes nous en rapporter aux jambes de nos bêtes qui, en trois quarts d'heure, nous ramenèrent sains et saufs à Saint-Germain.

Nos Révérends Pères attendaient fort tranquillement. Peut être eussent-ils été plus désireux de nous voir arriver, si des Anglais, qui occupaient en maîtres la salle à manger, ne fussent venus à notre secours en retardant forcément l'heure du diner.

Une espièglerie de l'un des deux Abbés donna à ce repas une gaîté qui n'avait pas encore régné parmi nous. Grâce à l'heure avancée et à notre longue promenade, nous avions fait un rude accueil au diner, et nous étions arrivés au dessert avec un reste d'appétit plus considérable que ne le prescrivent les règles de l'hygiène. Nous considérions tristement quelques mesquines assiettes couvertes de ces objets fantastiques qui passent et repassent toujours intacts devant plusieurs générations de voyageurs, lorsque le Révérend Père comparant notre piteux service avec les reliefs laissés par les insulaires qui nous avaient précédés à cette table, crut y remarquer quelque chose qui ne se trouvait pas dans le nôtre. Il se lève aussitôt, et nous apporte une belle assiettée de conserves de fruits et un pain d'une espèce particulière. « Bravo ! *Signor Abbate*, » nous écriâmes-nous tous ensemble ; et le fait est que la qualité naturelle de ces comestibles, jointe à l'attrait qu'offre toujours le fruit défendu, nous fit trouver le pain excellent et les confitures délicieuses. Nous en fîmes mille compliments au Père Abbé enchanté de son innocent larcin. Nous croyions bien avoir joué pièce à notre hôte, en nous attribuant ce dessert illégitime; mais le lendemain nous apprîmes que les enfants d'Albion seuls en avaient fait les frais. Cette découverte, je dois l'avouer, ne nous inspira aucun repentir, et nous félicitâmes d'avoir levé un tribut sur ces ingénieux insulaires qui font voyager avec eux leur pain et leurs confitures.

Quand je me fus retiré dans ma chambre, le P. Matteo vint m'y dire bonsoir. J'étais alors à la fenêtre : j'admirais la sérénité du ciel et les magiques effets de la lune dont les rayons mélancoliques tombaient calmes et doux sur la campagne silencieuse.

— « Ah! Monsieur, me dit-il, en poussant un soupir, quelle délicieuse soirée pour se promener!

— » C'est vrai, dis-je, et sans notre ascension de tantôt je vous aurais volontiers proposé de vous accompagner sur les bords du Garigliano.

— » Oh! ce n'est point avec moi que vous aimeriez à vous y promener, répondit-il en souriant. »

A ces mots, je quittai des yeux le paysage, et je cherchai sur sa figure le sens de ses dernières paroles. Je l'eus bientôt compris. « Votre compagnie, lui dis-je, est assurément pleine d'agréments; toutefois, puisque vous me mettez sur cette voie, je dois convenir que....

— « Ah! Monsieur, j'en étais bien sûr. Un de vos auteurs a dit : Il y a de la femme dans tout ce qu'on aime ; il aurait dû ajouter : et rien n'est aimable sans elle. Vous admirez ce coup d'œil, ces eaux argentées qui serpentent dans la plaine, ces jeux de la lumière à travers les arbres, les murmures de la brise du soir qui glisse sur la cime de ces taillis ; eh bien ! avec une femme aimée, tout ce paysage prend un autre aspect. L'herbe de la prairie se change en moelleux tapis, ces bosquets deviennent des temples de verdure destinés à vous dérober aux regards des profanes. L'air, plus doux à respirer, renferme des senteurs qui enivrent, la nature toute entière répète autour de vous : aimons ! Les bruissements de la rivière sont plus délicieux aux oreilles que l'harmonie des harpes éoliennes, et le frémissement du feuillage mêlé aux longs soupirs de la nature, s'élève dans les airs comme un chœur céleste pour chanter vos amours et célébrer votre bonheur. »

Je croyais rêver en l'entendant parler ainsi. Il s'aperçut de mon étonnement, et embarrassé de s'être laissé entraîner plus loin peut-être qu'il n'eut voulu, il me souhaita une bonne nuit et se retira.

Ce langage m'avait en effet étrangement surpris, et je dirai même affligé. Mais j'oubliais que j'étais en Italie, et qu'avant de porter un jugement sur un moine qui laisse échapper de telles paroles, il faudrait savoir par suite de circonstances il s'est voué à la vie monastique et condamné tout à coup à une existence contraire peut-être à ses goûts et à ses habitudes. Il n'est pas si facile qu'on pourrait le croire, de quitter avec l'habit civil, le caractère et les sentiments de l'homme du monde. Les Rancé ne sont pas rares dans les cloîtres, et la robe du moine a recélé plus d'une fois sous ses plis sévères des cœurs encore saignants et des blessures que le calme du couvent n'avait pu cicatriser. Je ne pus que me borner à des conjectures à l'égard du P. Matteo ; mais tout me porte à croire que son habit de bénédictin cachait quelque drame intime à la suite duquel il avait cherché au fond d'un monastère des consolations et un repos qu'il n'avait pas encore trouvés. La beauté de la nuit lui avait rappelé sans doute des heures qu'il n'avait pu bannir de sa mémoire ; et heureux de rencontrer une oreille indulgente, prête à l'entendre sans en être blessée, il n'avait pu s'empêcher de soulager un instant son cœur oppressé.

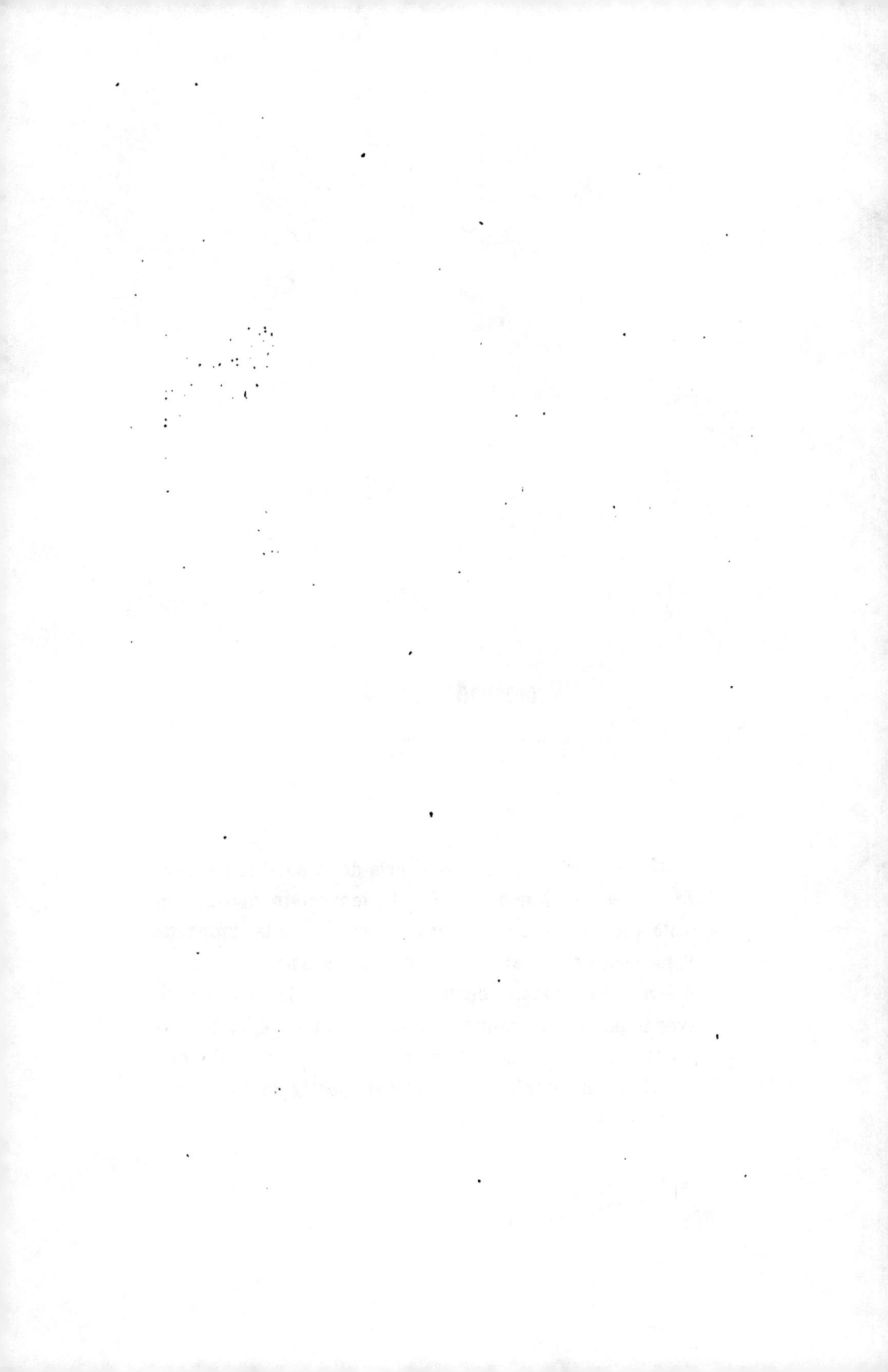

## XI.

### Carosella.

### Promenade dans Capoue.

Décidément, c'est un parti pris de la part de l'Aurore de se dérober à nos regards. Le lendemain matin, un voile plus épais que d'ordinaire enveloppe la campagne et ne laisse rien distinguer à quinze pas. Après avoir marché à pied pendant quelques instants, je remonte en avec bonheur en voiture ; puis, redoutant l'effet des vapeurs glacées du matin, je me couvre la figure de mon mouchoir, et je m'arrange pour supporter le moins mal possible cet affreux brouillard.

Grâce à une assez mauvaise nuit, j'étais demeuré toute la matinée dans un état de somnolence extrême, et quand je m'éveillai vers sept heures, le soleil avait triomphé des vapeurs et brillait de tout son éclat. Mon voisin paraissait un peu embarrassé de sa sortie de la veille ; il lisait énergiquement son bréviaire et paraissait y concentrer toute son attention. Dès qu'il eut fermé son livre, je m'empressai de lui parler de choses indifférentes pour dissiper ses préoccupations, et je le mis à l'aise en n'ayant point l'air de me rappeler notre dernier entretien.

Il était environ dix heures quand nous arrivâmes à Ponte-Storto. C'est une auberge isolée, de construction récente, qui doit son nom à un pont situé non loin de là un peu en travers de la route.

A peine entré dans la salle à manger, je pus me croire un instant transporté dans l'auberge de quelque village français. En jetant un coup-d'œil sur les tableaux garnissant les murailles, je venais de trouver une série de gravures représentant les principaux traits de la vie de Napoléon. Ici, le siège de Toulon, le passage du pont d'Arcole ; là les campagnes d'Egypte et d'Italie ; ailleurs celles de Prusse et d'Autriche ; partout la glorification de l'illustre empereur. Eternel prestige de la grandeur et de la gloire ! Au milieu d'un peuple ignorant et grossier, dans une auberge isolée, en plein royaume de Naples, le maître du logis, qui connaissait à peine peut-être le nom de son souverain, n'avait trouvé rien de mieux, pour décorer cette salle, que l'image des hauts faits de l'empereur des

Français. Ce souvenir de mon pays, si inattendu, si saisissant, me causa une vive impression de plaisir et de surprise à la fois. Nous venions de quitter les anciens États de Pie VII ; nous étions dans le royaume des plus irréconciliables ennemis de l'Empereur ; nous foulions une terre où l'on est suspect en prononçant un nom que l'Europe révère, où c'est presque un crime d'état d'évoquer la mémoire de son règne glorieux. Aussi, cet hommage, humble assurément mais bien désintéressé, rendu au plus grand génie des temps modernes, me causa une satisfaction que ne m'ont pas toujours procurée les plus pompeux éloges adressés au César français.

A déjeuner, nous fûmes agréablement surpris par un raffinement gastronomique auquel nous étions loin de nous attendre en pareil lieu : on nous servit de la *neige* pour rafraîchir nos boissons. La glace proprement dite est chose à peu près inconnue en Italie ; les hivers n'y sont ni assez longs, ni assez rigoureux pour en fournir ; on serait même fort embarrassé de s'y procurer des réfrigérants, si les Apennins, qui se couvrent pendant la saison rigoureuse d'une neige épaisse que le froid condense et durcit, n'offraient partout une glacière naturelle capable de suffire largement à tous les besoins. C'est avec cette neige recueillie et conservée que se font toutes les boissons et préparations glacées dont l'usage est si répandu en ce pays ; et l'abondance en est telle, qu'elles sont constamment à la portée des bourses les plus modestes.

A l'exception de cette délicate attention de notre hôte,

je n'ai jamais moins remarqué, je crois, le menu d'un déjeûner. Mes yeux et mon attention étaient ailleurs, absorbés par la jeune fille qui nous servait à table. C'était tout simplement la servante de l'auberge; mais ses traits d'une admirable finesse, et ses grands yeux noirs, pleins d'une expression charmante de douceur et de tristesse, n'ont pu encore s'effacer de mon souvenir. Agée de seize ans à peine, svelte et élancée comme un roseau, douée d'une complexion délicate, elle offrait dans toute sa personne un air de langueur qui lui donnait une grâce infinie. J'aimais à l'appeler par son joli nom, *Carosella*; mais timide et craintive comme la sensitive, elle rougissait dès qu'on lui adressait la parole. Ses beaux yeux, un instant arrêtés sur son interlocuteur, semblaient interroger ses traits et redouter un de ces propos lestes et malsonnants qui, plus d'une fois déjà, avaient dû blesser ses oreilles. Ce n'est pas au moins qu'elle fut embarrassée pour répondre; son esprit était aussi délié que sa personne, et dès qu'elle croyait pouvoir le faire sans danger, sa répartie vive et spirituelle ne se faisait point attendre. Egarée en ces lieux, *sicut margarita in stercore*, l'humble fille, heureusement pour elle, ne paraissait pas se douter des attraits répandus sur sa personne. Pas un grain de coquetterie ne venait ajouter à ses grâces naturelles, et ses séductions se révélaient à son insu à travers les haillons dont elle était couverte.

Pauvre fleur, me disais-je, trop tôt destinée à te flétrir et à perdre cette couronne de pudeur qui donne tant de prix à tes charmes, que le ciel ne te fit-il naître sous un climat plus doux, sur une terre plus en harmonie avec ta structure frêle et délicate! Aujourd'hui, tu serais admirée, entourée d'hommages; tu ornerais les salons de ta présence. Puis, quand l'automne eût terni ta fraicheur, quand sa froide haleine eût penché vers la la terre ta corolle languissante, le souvenir de ta beauté évanouie eût encore attiré autour de toi les soins et les égards. Mais non, ton étoile ne l'a pas permis. Oubliée en naissant, ignorée de toi-même, réduite à végéter et mourir sur un sol ingrat et grossier, tu vivras à peine ce que vivent les roses. Moissonnée dans ta fleur à peine éclose ou fanée par les rigueurs d'un hiver prématuré, tu disparaîtras quelque matin, à peine aperçue, et sans avoir soupçonné tes beautés.....

Cependant, la température était devenue accablante. Comme il nous restait peu de chemin à faire pour arriver à Capoue où nous devions passer la nuit, notre conducteur prit la résolution d'attendre, pour partir, que le plus fort de la chaleur fut passé. Dans toute autre circonstance, je n'aurais pas manqué de prendre les devants; mais un soleil impitoyable embrasait la campagne, pas un arbre n'ombrageait la route, et je me souciais peu de me faire griller tout vif. D'un autre côté, la timide Carosella, que j'aurais volontiers essayé d'apprivoiser un peu, dînait avec ses maîtres des reliefs de notre repas, de sorte que je ne vis rien de mieux à faire que d'imiter mes compagnons de voyage en m'étendant sur un lit jusqu'au moment où nous remontâmes en voiture.

Après avoir cheminé pendant quelque temps sans incident remarquable, nous traversons le Volturne aux environs de Capoue, et nous entrons dans cette ville dont le nom seul évoque la fleur des souvenirs classiques. A peine débarqués, nous laissons nos deux Révérends Pères dans leurs chambres respectives, et nous sortons, le P. Matteo et moi, pour aller faire une reconnaissance dans la ville.

En errant au hasard, nous tombons sur les fortifications conçues et exécutées, dit-on, par Vauban. Bien qu'aussi peu expert que mon bénédictin en matière de constructions militaires, je ne puis m'empêcher de remarquer avec lui la force de cette place qu'entoure un double fossé revêtu d'une double escarpe. Revenus dans l'intérieur de la ville, nous la trouvons assez bien percée, et presque propre pour le pays auquel elle appartient. Comme la plupart des villes un peu importantes de ce royaume, elle est pavée en larges dalles de lave que fournissent en abondance le mont Vésuve et les anciens volcans dont Naples est entourée.

Le hasard nous amène ensuite aux portes de la cathédrale. Par une disposition assez singulière, cet édifice est précédé d'une grande cour carrée entourée de portiques sur trois côtés. Son intérieur n'offre rien de bien remarquable si ce n'est les colonnes antiques qui soutiennent la grande nef. Ces colonnes, comme celles qui servent d'appui aux portiques de la cour d'entrée, sont en granit gris et d'une seule pièce. Elles proviennent des temples païens de l'ancienne Capoue, et il est probable que les portiques n'ont été élevés que pour tirer parti des nombreuses colonnes que la ruine de ces temples avait laissées sans emploi. Cette particularité me rappela ce que j'avais vu souvent dans les églises de Rome : les marbres, le granit, les morceaux de sculpture et d'architecture antique y sont tellement multipliés qu'il semble que loin d'avoir eu besoin de ces matériaux pour construire les églises, on ait construit les églises dans le seul but d'utiliser et de mettre en relief les objets d'art échappés au naufrage de l'antiquité.

Conduits par un escalier souterrain dans une chapelle située sous le maître-autel, nous remarquons tout d'abord quelques femmes priant avec ferveur devant des ouvertures pratiquées dans un petit temple circulaire impénétrable aux dévots. En notre qualité de curieux, nous y pénétrons sous la surveillance d'un *custode,* et nous y trouvons une belle statue du Christ en marbre blanc. Ce morceau de sculpture dû au chevalier Bernin, représente le Rédempteur étendu à terre et sans vie, au moment où il vient d'être descendu de la croix. Cette statue est en grande vénération auprès des fidèles, et les espèces de meurtrières pratiquées dans le mur du sanctuaire qui la renferme, leur servent à se mettre en communication avec elle.

En continuant notre exploration archéologique, nous trouvons à quelques pas de là, sous un portail donnant sur la place principale, différentes inscriptions latines assez difficiles à déchiffrer ; et plus loin, enchassés dans la muraille, quelques bustes antiques découverts dans un vaste amphithéâtre dont les restes imposants donnent une haute idée de la richesse et de la splendeur de l'ancienne capitale de la Campanie.

Il est bon de le remarquer ici : la Capoue que nous parcourions alors n'est rien moins que la Capoue antique. Comme la plupart des anciennes villes qui existent encore aujourd'hui, celle-ci a complètement changé d'emplacement. Objet incessant de convoitise pour ses voisins et tous les conquérants qui mettaient le pied en Italie ; maintes fois prise, reprise, pillée et incendiée, soit par ses envahisseurs, soit par ses défenseurs, cette malheureureuse cité avait chèrement acheté la richesse de son territoire et l'excellence de sa position ; mais la rigueur des siéges et les horreurs des assauts éloignèrent à la fin ses habitants. Ceux-ci, trouvant dans ses fortifications un danger redoutable plutôt qu'une protection efficace, s'établirent insensiblement hors des murs. Une population nouvelle vint bientôt se grouper autour des cultivateurs qu'entretenaient sans cesse dans la campagne les travaux de l'agriculture, et l'ancienne Capoue, désertée peu à peu, finit par être entièrement abandonnée. Cette vieille cité devint alors, pour les fondateurs de la nouvelle ville, une mine féconde de matériaux. Edifices publics, temples, habitations, tout fut successivement démoli, enlevé et transporté, pierre par pierre, morceau par morceau. Lorsqu'ils se furent relevés comme par enchantement, les édifices publics avaient changé d'aspect et de destination ; les temples étaient devenus des églises, les maisons s'étaient modélées sur les nouvelles mœurs, et, deux ou trois siecles après cette étrange transplantation, une autre Capoue s'élevait, transformée et rajeunie, à une demi-lieue de l'antique cité romaine. Les fortifications, cause première de la fuite des anciens habitants, ne tardèrent pas, il est vrai, à suivre et enfermer la ville nouvelle; mais celles-ci du moins, il est permis de l'espérer, ne forceront pas Capoue à chercher un troisième emplacement.

Aujourd'hui, la mère de la nouvelle cité, l'ancienne capitale de la Campanie a totalement disparu : elle repose ensevelie non loin des lieux où sa fille s'élève riche et florissante. Quelques rares débris, tristes restes de sa splendeur éclipsée, indiquent seuls son ancien emplacement, et semblent lui servir de pierres tumulaires. Des moissons mûrissent sur sa tombe, quelques ormeaux cherchent au sein de la terre les traces de ses fondations, et la charrue creuse ses inflexibles sillons à travers un sol conquis sur les ruines et semé de décombres.

## XII.

### Ce qui perdit Annibal.

### A propos de chansons.

Il eût été plein d'intérêt pour nous de chercher les vestiges épars de la vieille Capoue, d'interroger ces champs que couvrait jadis une cité florissante, *campos ubi Troja fuit*; mais le temps nous pressait, et c'est à peine si nous pûmes nous aventurer un instant hors de l'enceinte des fortifications, et donner un coup-d'œil au débarcadère du chemin de fer de Naples, jouet innocent en comparaison de nos gares monumentales.

Toutefois, nous ne voulûmes pas revenir à l'hôtel sans avoir fait quelques pas dans la campagne. En considérant ces riches plaines dont l'admirable fertilité fait de ce pays le plus beau joyau de la couronne des Deux-Siciles, nous ne pouvions nous empêcher de penser au grand capitaine dont la brillante fortune vint expirer dans ces heureuses contrées, et attacher à leurs *délices* une éternelle et fatale célébrité. Toute la glorieuse carrière d'Annibal se trouve pour ainsi dire résumée dans les champs qui entourent Capoue, et, lorsqu'on les parcourt, rien de ce qui concerne le général carthaginois ne saurait rester indifférent. Nous aimions à rappeler, sur les lieux mêmes foulés par le héros africain, les différentes phases de sa marche prodigieuse; notre pensée se plaisait à le suivre des rivages de l'Afrique aux contrées que nous avions sous les yeux.

Fidèle au serment prêté sur les autels de sa patrie, le cœur plein de cette noble ardeur qui anime les grands hommes, le fils d'Amilcar s'élance de Carthage, pareil au lion irrité qui ne respire que le sang et la vengeance. Aussi prompt que l'éclair, aussi terrible que la foudre, il traverse l'Espagne, franchit les Pyrénées, pénètre dans la Gaule. Sous ses pas de géant; les distances s'effacent, le Rhône n'a plus de profondeurs, les Alpes s'abaissent étonnées. Appuyé de son seul génie, laissant derrière lui vingt peuples ennemis, il tombe sur l'Italie. Là, il déconcerte la prudence des généraux romains, étonne leur courage, renverse, taille en pièces les armées qu'on lui oppose, et, de victoires en victoires, arrive jusqu'aux portes de Rome.

Eperdue, consternée, l'implacable rivale de Carthage

semble désormais une proie facile. Après tant de combats et de triomphes, quelques efforts vont suffire pour s'emparer d'une capitale frappée d'épouvante et presque dépourvue de soldats...... Mais la fortune de Rome devait l'emporter! Au moment de recueillir le fruit de ses triomphes, au moment de donner le coup de la mort à cette ennemie dont il avait juré la perte, Annibal, étonné, effrayé peut-être de ses prodigieux succès, Annibal s'arrête aux portes de la cité de Mars, frappé d'une terreur mystérieuse. Le Génie de la future reine du monde a retenu son bras vainqueur, et le général carthaginois, cédant à la destinée, éloigne son armée et se retire devant Capoue qui lui ouvre ses portes.

Dès ce moment, le rôle d'Annibal est changé. Ce n'est plus cet impétueux général n'ayant qu'une pensée, qu'un but : la destruction de Rome, et franchissant pour y arriver, mer, continents, fleuves, montagnes; ce n'est plus cet invincible capitaine, animé d'une fureur sacrée, marquant ses pas par des victoires et semant autour de lui la stupeur et l'effroi; c'est un chef habile et prudent, aussi attentif à ménager ses soldats qu'il était ardent à les pousser aux combats. Trop faible pour tenter l'assaut de Rome, trop fort pour se laisser vaincre, il quitte l'offensive et se tient désormais sur une défensive énergique. Fortement retranché à Capoue, il attend avec confiance les secours qu'il a réclamés de sa patrie, et repousse vigoureusement les efforts faits pour l'entamer.

Ces secours viendront trop tard! Un instant ébranlée

par des revers sans précédents dans ses annales, Rome n'a pas tardé à se reconnaître. De nouvelles légions ont surgi de terre, impatientes de venger l'honneur des aigles romaines; et bientôt, un corps d'armée envoyé par Carthage est mis en déroute et taillé en pièces par les Romains. En trouvant dans son camp la tête de son frère Asdrubal que viennent d'y jeter les vainqueurs, Annibal ne peut retenir ses larmes, et entrevoit dès-lors l'issue malheureuse de son expédition. (*)

Un ennemi redoutable, la discorde, a envahi sa patrie; et tandis qu'il appelle à lui toutes les forces de Carthage, Carthage, en proie aux factions qui se disputent le pouvoir, se consume en dissensions intestines et reste sourde à sa voix. Abandonné à ses seules forces, le malheureux général voit encore la jalousie et la haine le poursuivre

(*) Horace a peint dans une de ses plus belles odes la douloureuse stupeur et les tristes pressentiment d'Annibal à la nouvelle de la défaite de son frère. Dans ce magnifique morceau, où le poète latin s'élève à la hauteur de Pindare, le général carthaginois compare le peuple romain à l'hydre de Lerne renaissant sous la massue d'Hercule; il renonce aux faveurs de la Victoire, et déplore amèrement son espoir et sa fortune tombés avec Asdrubal :

Non Hydra secto corpore firmior
Vinci dolentem crevit in Herculem;
Monstrumve submisere Colchi
Majus, Echionœve Thebæ.

. . . . . . . . . . . . .

Carthagini jam non ego nuntios
Mittam superbos : occidit, occidit
Spes omnis et fortuna nostri
Nominis, Hasdrubale interrempto.

HORACE. *Livre* IV, *Ode* IV; *Drusi laudes.*

jusque sur le théâtre de ses exploits. Rome n'est plus l'ennemi qu'il faille combattre; les partis, ardents à s'entre-détruire, oublient les intérêts sacrés de la patrie; et après quinze années de séjour dans ce pays fortuné, après quinze ans de luttes et de combats, Annibal, rappelé par l'ingratitude de ses concitoyens, quitte, les larmes aux yeux, les belles contrées conquises par sa valeur et son génie.

Ce ne sont donc point, quoiqu'on en ait dit, les délices de Capoue qui perdirent Annibal. Jusqu'au jour où il quitta l'Italie, il prouva aux Romains qu'il ne craignait pas de se mesurer avec eux, et il attendit toujours sans crainte les renforts qu'il avait réclamés. Mais il avait trouvé dans sa patrie des ennemis plus redoutables que Rome elle-même : des envieux et des calomniateurs s'étaient acharnés à sa perte, et sa perte sera la ruine de son aveugle patrie.

Bientôt, l'implacable Caton fera retentir le Forum du cri : *Delenda est Carthago !* Rome, à son tour, vomira sur l'Afrique ses légions invincibles, et Carthage paiera de son existence ses folles divisions et son ingratitude.

On sait ce qui suivit. Irrités contre Capoue qui, toujours jalouse de la fortune de Rome, avait ouvert ses portes au conquérant africain et grossi les rangs de son armée, les Romains envahirent à leur tour ces malheureuses contrées, ivres de fureur et altérés de vengeance. Tous ces pays qui venaient d'être le théâtre de la guerre et n'offraient plus que l'aspect de la dévastation et de la misère, furent de nouveau mis à feu et à sang. La belle capitale de la Campanie, Capoue, vit ses murs presque entièrement rasés, sa population réduite en esclavage et vendue à l'encan. Pour se soustraire à l'infamie et aux supplices, vingt-sept sénateurs avaient cherché la mort dans l'ivresse d'un banquet somptueux ; quarante trois autres furent dépouillés de leurs biens, chargés de chaînes, battus de verges et décapités.

. . . . . . . . . . . . . . .

Ce n'était point assez : les provinces qui avaient prêté des secours à Annibal, ou n'avaient pas résisté à ses attaques, devinrent l'objet d'affreuses vengeances, et furent bientôt plongées dans le deuil et la terreur. Appien raconte que sous prétexte d'user des droits de la victoire, les farouches vainqueurs ravageaient les campagnes, pillaient les villes, profanaient les temples et violaient jusqu'aux sépulcres de la malheureuse Italie. Tant de barbarie et d'impiété avaient ému le vieux Caton et soulevé son indignation. « Où en est la société ? s'écriait-il. Où est la foi de » nos ancêtres, si c'est de cette manière que l'on traite » des hommes généreux, si on les accable d'outrages, de » coups et d'ignominie ? Que de gémissements et de sou» pirs n'ont-ils pas poussés ! Que de larmes n'ont-ils pas » déjà versées !.... » C'étaient là en effet de cruelles représailles ; mais ce fut aussi un châtiment terrible, une effrayante leçon pour les nations tentées de douter de la fortune de Rome et de pactiser avec ses ennemis.

Annibal nous avait fait oublier nos Révérends Pères. Aussi, lorsque nous revînmes au logis, on nous attendait pour se mettre à table. Le dîner ne fut peut-être pas aussi bon que nous aurions pu l'espérer dans une ville dont les délices passent pour avoir causé la perte d'Annibal ; mais si nous n'eûmes pas des Anglais pour compléter notre dessert, on nous y servit en revanche de belles tiges de fenouil dans des verres d'eau ainsi que des petits pois et des fèves dans leurs cosses.

Nous eûmes pendant le dîner, un agrément qui n'entrait point dans mes conventions avec Giovanni, et qui, il est vrai, fut payé à part. Deux enfants de douze à quinze ans, entrèrent dans la salle à manger, une harpe à la main, et nous donnèrent un avant-goût de ces chansonnettes, *canzoncine* ou *canzoni*, que nous devions entendre si souvent à Naples. C'est là une des productions les plus originales de cette capitale ; et je suis d'autant plus disposé à le reconnaître qu'on s'accorde généralement à lui en trouver fort peu. Invariablement écrites en dialecte napolitain, ces chansonnettes sont, à moins d'une étude particulière, assez difficiles à comprendre pour les étrangers ; mais les airs en sont charmants et faciles, et le langage dans lequel elles sont composées les rend promptement populaires. Il en est à cet égard tout autrement que chez nous. Tandis qu'en France, telle mélodie qui semblait destinée à vivre et mourir sous les lambris, va souvent se perdre dans des gosiers éraillés et des voix avinées, à Naples, ces chansonnettes exclusivement faites pour la rue, commencent toujours par charmer les salons. Du reste, ce genre de composition, tout à fait particulier à la ville des Sirènes, est à peu près la seule espèce de musique légère qu'on se permette en Italie. L'opéra, seul y règne et gouverne. On n'y connait pas ce genre mixte que nous appelons *romance*, et qui tient le milieu entre la musique de haut style et la chanson proprement dite. Ce genre est, à son tour, éminemment français, et l'on sait quelle âme et quelle exquise sensibilité nos artistes ont parfois déployées dans ces petites compositions. En revanche, on chante avec passion les morceaux de l'opéra en vogue; et l'on s'aperçoit à peine qu'on expose presque toujours les auditeurs à la cruelle nécessité d'entendre une voix médiocre ou inexpérimentée écorcher un morceau qui les avait ravis la veille au théâtre.

Je reviens à mes chansons. Je disais donc que ce qui plaît surtout en elles lorsqu'on les entend à Naples ou dans les autres villes du royaume, c'est qu'elles sont un produit vraiment indigène, portant, dans les paroles et la musique, ce cachet de nationalité qu'on est toujours heureux de rencontrer sur une terre étrangère. Autant j'aime la France en pays étranger, autant je puise dans la connaissance des autres nations une conscience vive et profonde de sa supériorité, autant, sauf de rares exceptions, j'ai horreur, hors de France, de tout ce qui est français. Ce que j'aime avant tout dans un pays, c'est ce pays lui-même; ce que j'y recherche, ce sont ses habitants; ce que je veux y connaître, ce sont ses goûts, ses habitudes. J'aime, autant que possible, à me conformer à ses usages; je tiens à parler sa langue; je tâche, en un mot, par tous les moyens qui sont à ma disposition, de me pénétrer, *immedesimarmi*, comme on dit en italien, de tout ce qu'il offre de particulier et de curieux. C'est là, je crois, le seul moyen de bien connaître un pays, et je ne sache pas qu'on puisse y parvenir lorsqu'on se borne à rechercher la société de ses compatriotes, et qu'on n'a pas de plus grand souci que de descendre dans un hôtel français, de prendre ses repas dans un restaurant français, de se faire conduire dans ses promenades par des *ciceroni* français, de fréquenter le théâtre français, et de rechercher partout et toujours les lieux où l'on peut rencontrer des Français. Pour moi, je trouve que toutes ces réminiscences de la France en pays étranger, à moins qu'elles n'aient pour effet de flatter vivement notre amour-propre national, sont nauséabondes et odieuses; elles déflorent un voyage, en enlevant aux contrées que l'on parcourt ce qu'elles ont de plus précieux: leur couleur locale; elles exposent le touriste naïf et dépourvu d'imagination à se demander, au retour d'un long voyage, s'il a bien réellement quitté la France. (*)

Mais je reviens à mes chansons. Sans avoir une voix remarquable, celui des deux enfants spécialement chargé

(*) A propos de chansons et de couleur locale, je me rappellerai toujours qu'en arrivant à Rome, en octobre 1840, j'avais à peine ouvert mes malles que j'entendis dans la rue un orgue de Barbarie. Un orgue de Barbarie à Rome! c'était déjà bien cruel. Mais on jugera de mon indignation (le mot n'est pas trop fort), quand on saura que le misérable qui portait l'affreuse manivelle s'établit effrontément sous mes fenêtres, et y joua pendant dix minutes, l'air: *Cinq sous! cinq sous!* dont tout Paris retentissait depuis trois ou quatre ans. Peu s'en fallut que je ne m'écriasse avec Phèdre:

« Où me cacher? Fuyons dans la nuit infernale! »

de la partie vocale du concert possédait un timbre jeune et frais assez agréable. Nous lui fîmes dérouler tout son répertoire, et sans se laisser intimider par les robes noires qui garnissaient une partie de la table, il nous chanta successivement : *La serenata de n'affritto nnamorato*, *Luisella*, *Io te voglio bene assaje*, charmantes chansonnettes, renfermant dans des termes toujours convenables, mais peu équivoques, les déclarations plus ou moins brûlantes adressées par des lazzaroni volcanisés à des marinières, batelières et jardinières trop peu sensibles. Pour moi, je n'y compris pas un seul mot; mais je fus charmé par la grâce originale et le tour élégant de ces mélodies. Depuis, je les ai entendues bien des fois à Naples; j'ai pu en comprendre les paroles; et leur souvenir est tellement lié dans mon esprit à celui de cette capitale que je ne puis me les rappeler aujourd'hui sans me croire subitement transporté sur les fortunés rivages qui les ont inspirées.

Ce concert improvisé avait prolongé notre dîner plus que d'habitude ; mais personne ne songea à s'en plaindre, et nous nous retirâmes dans nos *stanze* respectives en fredonnant ces délicieuses chansonnettes que les éditeurs de musique ne manquent jamais d'annoncer sous le titre (fort exact du reste) de : « CANZONCINE NAZIONALI NAPOLITANE. »

# XIII.

## Les États-Romains

## et le Royaume de Naples.

Le lendemain matin, je me trouvais debout bien avant l'heure du départ. Ennuyé d'attendre, et désireux de revoir à mon aise les environs de Capoue, je pars seul, à pied, malgré le brouillard. D'ailleurs, il est déjà cinq heures; la brume tombe rapidement et s'éclaircit à vue d'œil. Son abondance est telle que la surface de la terre en est tout humide, et les vapeurs, condensées par le feuillage des arbres, se résolvent en larges gouttes d'eau qui forment de chaque côté de la route une sorte de pluie artificielle. En peu de temps, le soleil a achevé de dissiper le voile qui couvre la campagne, et les champs de la fertile Capoue m'apparaissent de nouveau, plus frais, plus verdoyants, avec leur riche parure et leur luxuriante végétation.

J'éprouve toujours un plaisir infini, je l'avoue, à rencontrer dans les anciens auteurs, une mention des lieux que j'ai parcourus et visités. Je trouve un interêt singulier à comparer un pays, un monument, avec les descriptions qui en ont été faites bien des années auparavant. Ce rapprochement offre parfois, d'ailleurs, des enseignements d'une haute éloquence. Ainsi, tandis que les plus merveilleux ouvrages de l'homme se montrent trop souvent, au bout de quelques siècles, ruinés, méconnaissables, à peine dignes d'arrêter les regards, nous voyons, au contraire, les admirables tableaux de la nature se parer chaque année d'une beauté nouvelle, et les éternels trésors dont le Créateur a doté la terre, toujours abondants, toujours prêts à répondre aux désirs de l'homme et à combler ses espérances.

Une nouvelle occasion se présentait de continuer mon étude favorite; je me gardai bien de la laisser échapper.

Le chantre harmonieux des Géorgiques ne pouvait oublier dans son poëme les riches plaines de Capoue. Loin de là, il se plaît à énumérer les qualités de leur sol; il s'étend avec complaisance sur leur fécondité, et les recommande particulièrement au cultivateur. Le tableau que nous offre le cygne de Mantoue de la fertilité des champs de la Campanie semble tracé d'hier. De nos jours, comme

du temps de Virgile, « cette terre laisse échapper de lé-
» gères vapeurs et des exhalaisons nébuleuses; elle pompe
» et rend tour-à-tour la même humidité, et se revêt sans
» cesse d'un frais gazon. Là où le fer n'est point entamé
» par les sels rongeurs de la rouille, cette terre se prête
» à tout. Elle laisse s'entrelacer les vignes riantes et les
» ormeaux; elle est féconde en oliviers. Nulle n'est plus
» douce à la charrue, nulle n'est meilleure pour les trou-
» peaux; et l'heureux colon qui la cultive n'attend jamais
» en vain le fruit de ses travaux. (*) »

Quand Virgile traçait cette peinture, douze ou quinze siècles avaient vu la Campanie prodiguer ses richesses aux populations répandus sur son territoire; aujourd'hui, après deux mille ans, Virgile reconnaîtrait ses champs de prédilection, et ne trouverait pas un mot à changer à son élégante description.

En poursuivant notre route à travers cette belle campagne, nous arrivons à Averse, dernière ville que nous ayons à traverser avant d'entrer dans la capitale du royaume des Deux-Siciles. En la fondant pour tenir en échec

(*) Quæ tenuem exhalat nebulam fumosque volucres;
Et bibit humorem, et quum vult, ex se ipsa remittit;
Quæque suo viridi semper se gramine vestit,
Nec scabie et salsa lædit robigine ferrum:
Illa tibi lætis intexet vitibus ulmos;
Illa ferax oleo est; illam experiere colendo
Et facilem pecori et patientem vomeris unci.
Talem dives arat Capua,....

VIRGILE. *Georg. livre* II.

Naples et Capoue, les princes normands ne craignirent pas de consacrer sa destination par son nom : *Adversa*. Aujourd'hui, ce nom rappelle un drame terrible qui eût pour théâtre son château fortifié, ancienne résidence des souverains napolitains. C'est dans ce château que, vers 1350, Jeanne Ire, reine de Naples, fit étrangler Andréas de Hongrie, son mari. Les historiens sont divisés sur les causes de cet assassinat. Les uns prétendent que ce prince infortuné avait eu le tort d'irriter la jalousie de sa royale épouse, et d'oublier à quels excès peut se porter une Napolitaine, une reine, profondément blessée dans ses affections. D'autres affirment avec plus de raison, que la noblesse du royaume, mécontente de la prépondérance qu'Andréas accordait à ses compatriotes dans le gouvernement de l'État, trama contre ses jours un complot qui fut exécuté avec l'assentiment de la reine.

Quoiqu'il en soit, Averse ne tarda pas à répondre à la pensée de ses fondateurs. Grâce à la beauté de sa position et à la fertilité des plaines qui l'environnent, elle devint promptement riche et populeuse. Aujourd'hui ; le commerce et l'agriculture y fleurissent, et son aspect annonce à la fois l'aisance et la prospérité.

Le contraste entre les villes de l'État-Romain et celles du royaume de Naples devient ici plus frappant que jamais. Les premières, reléguées sur le sommet de montagnes élevées, sont toujours d'un accès difficile et ne sont guère habitées que par des cultivateurs. Ceux-ci, courbés sous un travail rude et monotone, n'éprouvent ni le besoin, ni la pensée de dégrossir leur esprit. Attachés, pour ainsi dire, à la glèbe comme les serfs du moyen-âge, ils trouvent à peine dans un labeur obstiné le moyen de payer leurs redevances, et accomplissent leurs travaux avec la patience et la résignation du bœuf qui trace chaque jour devant eux son pénible sillon. Dans les villes, on les rencontre souvent, silencieux, accroupis devant leurs obscures demeures, comprenant à peine les questions qui leur sont adressées, et presque toujours incapables d'y répondre. Dans les campagnes, ils regardent le passant avec un air d'indifférence qui tient à l'hébêtement, et semblent n'avoir d'intelligence que juste ce qu'il en faut pour appartenir à la race humaine.

Les villes du royaume de Naples, au contraire, sont presque toujours construites en plaine, au bord de quelque rivière, et sur des points facilement accessibles. Les habitants y cherchent dans le commerce un complément à la fertilité du sol, et demandent à l'industrie un aliment à leur activité naturelle. Cette disposition d'esprit les porte à donner quelque développement à leurs facultés, à se servir des ressources qu'offrent en abondance les contrées qu'ils habitent, et leur permet de secouer parfois le joug abrutissant de la misère.

En recueillant aujourd'hui mes souvenirs, je ne puis m'empêcher de faire une remarque assez curieuse et qui a échappé, je crois, à la plupart de ceux qui ont visité Rome et Naples : c'est que le caractère particulier et ettement tranché de ces deux capitales, se reflète fidèlement sur le territoire soumis à leur gouvernement. La borne que nous avons vue quelque temps après Ceprano, cette borne qui sert de démarcation aux frontières des Etats-Romains et du royaume de Naples, n'est point une limite fictive ou du moins de convention ; c'est la consécration d'un fait patent et facile à observer. Si l'on compare, dans chacun de ces Etats, les deux capitales, deux villes, deux individus, on reconnait en eux les mêmes différences, et les mêmes termes se présentent pour les exprimer. Cinquante lieues à peine séparent Rome de Naples; le climat, la position topographique, la langue, la religion sont les mêmes, et cependant il existe entre ces deux capitales des contrastes profonds qui, rayonnant incessamment autour d'elles, vont porter leur influence jusqu'à l'extrême frontière des deux États, et imprimer aux populations des traits distinctifs remarquables.

Ainsi, tandis que l'aspect triste et désolé de la reine déchue pèse comme un cilice de plomb sur le territoire de l'Etat-Romain, l'air de fête et l'animation de l'ancienne ville des Sirènes se répand sur les campagnes du royaume de Naples. La physionomie sévère et résignée du *facchino* de Rome, diffère autant de la figure gaie et insouciante du *lazzarone* napolitain, que le désert romain diffère des riches plaines dont Naples est entourée. Le Napolitain sait parfois déployer de l'activité ; il fait preuve au besoin d'intelligence et de sagacité ; à Rome, l'indolence, commune à tous les Etats Italiens, semble passée à l'état chronique.

Si le royaume de Naples est obligé de tirer de l'étranger ces mille et un articles de luxe et de fantaisie que nos manufactures lui fournissent en abondance, il produit, du moins, tous les objets nécessaires à la vie ordinaire, et pourrait à la rigueur se suffire à lui-même. Rome, sans industrie, sans commerce, tributaire de tous les pays qui l'environnent, fournit à peine les objets nécessaires à son alimentation. Le Romain est réservé, peu expansif, et, en général, dépourvu d'instruction ; le Napolitain est plus ouvert, plus communicatif et plus disposé à l'étude. Partout et toujours on retrouve la même influence, le même souffle : ici fécond et vivifiant, là stérile et impuissant.

D'où viennent ces étranges contrastes? A quoi attribuer ces différences entre deux pays limitrophes qu'aucune barrière ne sépare?.... On comprend l'existence de caractères tranchés entre deux nations que divisent un bras de mer, comme l'Angleterre et l'Irlande, un fleuve profond comme la France et l'Allemagne, une chaine de montagnes élevée comme l'Espagne et la France ; on le comprend encore, entre pays que les origines, la langue, la religion partagent profondément ; mais ici, rien de pareil. Aucune barrière matérielle ou morale ne fait obstacle à la fusion des deux nations ; tout au contraire tend sans cesse à les mettre en relations.

C'est donc ailleurs qu'il faut chercher le secret de ces nuances si tranchées.

Faut-il y voir simplement l'influence de deux capitales

dont les destinées étrangement diverses ont réagi insensiblement sur tout ce qui les entoure? Ne pourrait-on pas plutôt y reconnaître un résultat de la nature différente des gouvernements qui régissent les deux États ?... Je ne serais pas éloigné, quant à moi, de me ranger à ce dernier avis ; mais l'examen de cette question me conduirait beaucoup trop loin. Aussi bien, Naples approche ; nos chevaux, qui sentent le terme de leur course, ont hâte d'arriver, et, comme eux, je commence à m'apercevoir qu'il y a longtemps que je suis en route.

## XIV.

## Voir Naples et puis..... vivre!

## Ce que c'est qu'un jettatore.

D'Averse à Naples, il y a environ quatre lieues. En suivant la longue avenue qui unit ces deux villes, on pressent la capitale vers laquelle on se dirige, on croît déjà parcourir ses faubourgs. Au fur et à mesure que nous aprochons, la circulation devient plus active, les habitations semées sur la route sont plus nombreuses. Les chariots attelés de bœufs, les voitures de trait, les *calessi* et les *corricoli* nous croisent à chaque pas et nous offrent un coup-d'œil aussi nouveau que curieux. Malgré leur petitesse et leur maigreur, les chevaux filent avec rapidité en secouant leur grelots aigus; ils portent vaillamment leurs harnais à clous brillants, surmontés de bizarres ornements de cuivre jaune, et semblent tout fiers de l'aigrette de plumes de paon qui chatoie à leur oreille.

Parmi les gros villages qui passent rapidement devant nous, je ne dois point oublier San-Elpidio, bâti sur l'emplacement d'Atella, ancienne ville de la Campanie, jadis habitée par les Osques. Elle était célèbre du temps des Romains par ses bons mots, ses pièces satiriques, ses spectacles obscènes, et donna son nom à ces drames osques, connus sous le nom d'*atellanes*, qui restèrent longtemps au théâtre latin après l'introduction des tragédies régulières.

A peine avons-nous traversé San-Giuliano qu'un objet nouveau vient arrêter nos regards. Là bas, devant nous, s'élève, isolé et d'un sombre aspect, un cône immense dont les flancs noirs et arides contrastent vivement avec la riche végétation qui l'environne. C'est le mont Vésuve, c'est *la Montagna*, sujet incessant d'admiration et d'effroi pour les Napolitains. A cette vue, je ne sais quelle indicible satisfaction me saisit; une impression de plaisir que je ne saurais rendre m'inonde à la fois le cœur et l'esprit, et mes yeux s'attachent avec une avide curiosité sur le géant redoutable qui domine la campagne de Naples. Au sommet de ce cône gigantesque s'élève un autre cône plus petit d'où s'échappe incessamment une fumée légère. Ses gracieuses spirales semblent ternir à regret la pureté du ciel; elles se dissipent rapidement, et vont au loin se perdre dans l'atmosphère. Derrière le volcan, s'arrondit un bras de l'Apennin. Prolongé jusqu'au cap Minerve, il ferme de ce côté le golfe de Naples, et abrite sous ses cimes élevées les délicieuses retraites de Castellamare, Vico, Sorrente et Massa. Nous n'apercevons pas encore la mer, mais nous la devinons au pied de ces montagnes, et notre imagination, dévorant l'espace, s'élance impatiente de contempler le tableau que nous cachent les mouvements du terrain.

Dès ce moment, je puis me croire à Naples, car le Vésuve ne nous quitte plus, et le Vésuve, c'est déjà Naples, tant l'idée de la capitale du royaume des Deux-Siciles est inséparable de celle de son volcan. Pareil à un voisin irascible qui toujours gronde et ne sévit jamais, le Vésuve effraie parfois par ses colères l'insouciante cité mollement étendue devant son cône menaçant; mais sa fureur expire aux pieds de sa belle compagne, et ses laves intelligentes n'ont jamais franchi les murs de l'heureuse Parthénope. Naples doit-elle ce privilège à la bienveillance de son volcan, à la protection de saint Janvier, ou à sa position topographique? C'est là une question délicate qu'il est peut-être imprudent de soulever, et que je me garderai bien de chercher à résoudre. Toujours est-il qu'il paraît exister entre Naples et le Vésuve, un échange édifiant de sentiments affectueux. Si le Vésuve respecte Naples, le Napolitain aime sa Montagne avec passion; et quel que soit l'intérêt qu'y prennent les étrangers, il laisse bien loin ceux-ci par le culte et l'admiration qu'il professe pour elle.

C'est qu'il y a dans cette formidable montagne quelque chose de mystérieux et de terrible à la fois qui saisit et impressionne profondément. Ses flancs noirs et brûlés, cette fumée qui s'en échappe sans cesse, les rivières de feux qu'elle vomit parfois, le souvenir des affreuses catastrophes qu'elle a causées, tout, en elle, parle vivement à l'imagination et concourt à lui donner un puissant intérêt.

Je l'examinais avec cette ardente curiosité qui s'attache à un redoutable mystère, quand des préoccupations d'un ordre tout différent vinrent m'arracher à ma contemplation. Nous étions arrivés à Capo di Chino, village situé aux portes mêmes de Naples. Notre voiture s'était arrêtée devant une vaste place circulaire ornée d'obélisques en lave du Vésuve, et il s'agissait de subir de nouveau les investigations de la police et de la douane. Autre Charybde, nouvelle Scylla! Nos précédents pouvaient nous faire espérer d'en être quittes à bon marché; mais nous étions alors bien loin du Mont-Cassin; nous nous trouvions sous les yeux des agents supérieurs, et ni notre qualité ni notre argent ne purent, cette fois, nous dispenser de ces fastidieuses formalités. Nos malles furent impitoyablement fouillées et retournées, nos passeports durent subir un examen préalable avant d'être laissés en dépôt, et ce n'est qu'au bout d'une heure, c'est-à-dire vers onze heures du matin, que nous pûmes faire notre entrée dans Naples.

Je ne tardai pas à reconnaître que mon imagination et mes souvenirs ne m'avaient pas trompé en me présentant cette capitale sous l'aspect le plus séduisant. A peine y sommes-nous entrés qu'un nouveau monde paraît se révéler à mes yeux ; il me semble respirer un autre air. Cette foule, ce bruit, cette animation extraordinaire, l'affluence des voitures, la physionomie de la population, tout est un sujet d'étonnement pour mon esprit émerveillé. Le seul objet jusqu'alors dérobé à notre admiration, la mer, vient bientôt compléter ce tableau. Au détour d'une rue, nous nous trouvons sur le quai de la Marine, et le golfe tout entier se déploie à nos regards éblouis. Je n'ai plus d'yeux pour la foule des lazzaroni qui se pressent sous nos pas, pour ces rapides citadines qui roulent sur les dalles à travers des flots épais de population, pour ces étranges industriels installés sur la voie publique ; je ne vois plus que ce golfe admirable dont les eaux, calmes et limpides, s'étendent sous nos yeux comme un vaste miroir de cristal. Ici, le château de l'OEuf, jeté dans la mer comme une sentinelle avancée, laisse apercevoir au dessus de ses murailles séculaires les cimes riantes du Pausilype ; là, les montagnes de Castellamare et de Sorrente plongent leurs pieds dans un bain d'azur ; devant nous, l'île de Caprée, montre au loin ses vives arêtes capricieusement détachées sur un horizon de safran ; enfin, les barques, les navires et les bâteaux pêcheurs, voguant en tout sens, communiquent à cette belle mer l'animation et la vie qui règnent dans la rue.

» — Ah ! m'écriai-je à cette vue, c'est bien là Naples, la reine de la Méditerranée, l'ancien séjour des Sirènes ! c'est bien le golfe qui vit naître le Tasse, et recueillit les cendres de Virgile ! »

» — Vous connaissez le dicton populaire, me dit mon bénédictin, qui partageait mon enthousiasme : Voir Naples et puis mourir !

» — Voir Naples et puis mourir ! répondis-je vivement ; à Dieu ne plaise que j'accepte cette devise ! Jamais, je vous le déclare, je ne me suis senti moins d'envie de quitter ce monde. La vue de Naples, loin de m'en donner la pensée, m'attache d'avantage à la vie ; et désormais, mon plus ardent désir sera d'y vivre pour en goûter chaque jour les beautés ; d'y vivre long-temps pour y savourer à loisir les charmes de l'existence. Quant à moi, je laisse le dicton populaire à ceux qui l'ont inventé, et je prends pour devise : Voir Naples et puis vivre ! »

Pendant ce dialogue, notre équipage roulait rapidement sur la lave. Il s'arrêta enfin, et pour la dernière fois ; nous étions arrivés sur la place du Palais-Royal, à l'entrée de la rue de Tolède, et c'est là que nous devions nous séparer pour gagner nos gîtes respectifs. Je présentai mes respects aux RR. PP. Abbés, j'échangeai avec le P. Matteo une poignée de main affectueuse, et nous nous promîmes de nous revoir avant son départ pour Palermo.

» — A propos, dis-je au P. Matteo, au moment de le quitter, et la *jettatura?* et les sinistres prédictions? et ces moines de si mauvais augure?...

» — Ah ! me répondit-il en souriant, les Français naissent parfois sous de si heureuses étoiles ! Votre fortune a balancé notre influence funeste, et vous avez, sans le savoir, conjuré le maléfice.

» — Soit ; mais voulez-vous que je vous dise ma façon de penser à ce sujet ?

» — Très volontiers.

» — Eh bien, je crois maintenant plus que jamais que, sous la robe du moine comme sous l'habit civil, on rencontre partout des hommes aimables et heureusement nés, et que les véritables *jettatori* sont, en voyage comme ailleurs, les gens mal élevés, les indiscrets et les sots. »

Là-dessus nous échangeâmes une dernière poignée de main, et un quart-d'heure après, je débarquais avec armes et bagages à l'hôtel de l'Europe.

# EXCURSIONS

## DANS LES ENVIRONS DE NAPLES.

. . . . . Ut mihi devio
Ripas vacuum nemus
Mirari libet !
HORACE. *Liv. III; Ode XXV, ad Bacchum.*

# LE TOMBEAU DE SANNAZAR.

## I.

### Déception.

J'étais donc à Naples, dans cette heureuse capitale où l'homme ne semble vivre que pour le plaisir et la joie. J'avais éprouvé, dès mon arrivée, les impressions que j'avais espérées ou pressenties ; j'avais vu se réaliser les rêves créés par mon imagination. Rien ne paraissait me manquer pour goûter les plus douces et les plus nobles satisfactions de l'esprit et de l'âme : la saison, mes loisirs, le charme de la nouveauté, tout, dans ce séjour enchanté, me promettait une existence agréablement remplie et libre de soucis.

Et cependant, jamais, depuis que j'avais mis le pied hors de France, je ne m'étais senti moins disposé à jouir des agréments qu'apportent les voyages. Un malaise dont je ne comprenais que trop bien la nature et l'origine, s'était emparé de toutes mes facultés, et me rendait insensible aux séductions de ma nouvelle résidence. Égaré, perdu dans cette grande cité, je me trouvais plus isolé au milieu de la foule qui remplit ses rues que dans le coin le plus retiré de la Campagne de Rome. L'animation, les riants tableaux qui m'avaient d'abord charmé, n'avaient fait que masquer pendant bien peu de temps le vide ouvert sous mes pas; et ce premier éblouissement passé, je n'avais plus trouvé autour de moi que l'insipide cortège des ennuis d'une grande ville.

Cette agitation bruyante, ce tapage incessant, m'étaient devenus insupportables; ils ajoutaient une véritable souffrance physique aux peines morales qui m'affligeaient déjà. Je songeais alors avec un serrement de cœur inexprimable, au calme de la capitale que je venais de quitter, aux jours paisibles que j'y avais passés, aux amis dont la sollicitude m'entourait de soins affectueux; et en dehors de ce séjour, de cette existence, de ces amis, je ne voyais ni agrément ni bonheur possibles. Ici, rien n'excitait ma curiosité; rien ne me paraissait digne, après les splendeurs de la ville des Césars, d'une étude instructive, d'un examen intéressant. Monuments, églises, palais, musées, tout m'était profondément indifférent; et tandis que mes pas incertains erraient à travers la cité napolitaine, ma pensée planait tristement sur la Ville éternelle, pareille à une âme violemment séparée du corps qu'elle animait. En un mot, si, de Rome, Naples m'était apparue comme une terre promise, de Naples, Rome me semblait un paradis perdu.

Il est un lieu cependant où je trouvais parfois un refuge contre les ennuis dont j'étais accablé. C'est la *Villa-Reale,* promenade délicieuse où l'art et la nature semblent avoir uni leurs efforts pour charmer les yeux et reposer l'esprit. Située sur les bords de la mer dont elle n'est séparée que par un mur d'appui, la Villa-Reale s'arrondit autour du golfe sur une longueur d'une démi-lieue environ. Ici, de longues avenues à la française présentent à l'œil une gracieuse perspective ; là, un jardin anglais, ingénieusement tracé, et planté de citronniers, de poivriers, de lauriers roses et de palmiers, offre aux promeneurs ses allées sinueuses et ses masifs discrets. Éloignée du centre de la ville, cette belle villa n'est guère fréquentée que par les étrangers, et seulement pendant quelques heures de la journée. Aussi, ceux qui préfèrent le calme à l'agitation, ceux qui cherchent un asile contre les bruits de la rue, y trouvent des retraites paisibles où le silence n'est troublé que par le babil des fontaines, le chant des oiseaux, et les murmures de la mer qui vient déferler doucement sur le sable des grèves.

C'est là que j'aimais à me rendre. Je retrouvais en ce lieu une partie de la tranquillité qui m'avait fui, j'y songeais à l'aise à tout ce que j'avais perdu. Puis, la mer a des beautés qu'on ne peut méconnaître. Cette image de l'infini où l'œil sans cesse attiré, aime à se perdre sans cesse, était pour moi un objet de contemplation toujours nouveau et toujours attachant. L'aspect majestueux de ce magnifique miroir de cristal où l'azur du ciel se reflète avec bonheur, ces montagnes qui l'étreignent dans leurs bras amoureux, cette île bleuâtre qui semble en garder l'entrée, plongeaient mon esprit dans une douce extase qui faisait diversion à mes ennuis.

Contempler la mer, guetter l'entrée des steamers dans les eaux du golfe, assister au départ et à l'arrivée des bateaux de pêche, partager les émotions des matelots, telles étaient alors, à peu de chose près, mes seules distractions à Naples. Quelque attrait qu'elles pussent avoir, on comprendra sans peine que c'étaient là de bien tristes ressources pour remplir mes longues journées. Cette trève accordée à mes regrets était toujours de courte durée, et la *folle du logis* devenue chez moi la maîtresse de la maison, reprenait bien vite tout son empire. Mon cœur s'élançait alors sur la route de Rome, étonné d'avoir pu quitter un instant son séjour de prédilection, et les souvenirs du passé revenaient plus vifs et plus cuisants que jamais.

Vainement la nature déployait autour de moi toutes ses magnificences ; vainement les fleurs du printemps étalaient leurs parures éclatantes et répandaient leurs plus suaves parfums ; vainement encore le ciel, la mer et les montagnes se peignaient des couleurs les plus riches, des teintes les plus ravissantes ; un épais bandeau semblait couvrir mes yeux ; ciel, mer, montagnes, étaient muets pour moi. Mon esprit ne pouvait se détacher des admirables perspectives de l'ancienne capitale du monde ; et ma pensée demeurait absorbée dans la contemplation de ces panoramas sublimes, où la nature, l'histoire, l'art et la poésie semblent avoir rassemblé leurs plus éloquents prestiges.

Où sont, me disais-je avec une sorte de désespoir, où sont les sommets du Janicule d'où l'œil découvre à la fois Rome antique, Rome moderne, son vieux fleuve et ses éternelles montagnes?.... Arrêtons-nous un instant en ces lieux, au pied de la magnifique fontaine érigée par Paul V.

Hinc septem dominos videre montes,
Et totam licet æstimare Romam.

Tandis que l'oreille s'étonne au bruit des cascades vomies par l'aqueduc de Trajan, l'œil compte les ondulations de la ville aux sept collines ; il mesure la hauteur du beffroi du Capitole, pénètre dans les flancs entr'ouverts du Colysée. A gauche, s'avance le mont Mario. A la vue de son front éternellement couronné de noirs cyprès, il me semble avoir sous les yeux le mausolée de Rome elle-même, la tombe où sont à jamais ensevelies sa gloire et sa puissance. Du point où nous sommes placés, le Tibre paraît s'échapper de ses pieds. Honoré jadis comme un dieu, l'héroïque témoin des triomphes de Rome semble porter à regret ses eaux jaunissantes au sein d'une capitale qui l'oublie, et que lui-même ne reconnaît plus. Il roule tristement à travers la campagne son onde désormais sans honneurs, et disparaît au milieu des solitudes du désert romain, sous les murs de la basilique Saint-Paul. La longue chaîne des Apennins couronne ce tableau, et ses cimes chargées de neige en complètent la grandeur et la majesté.

Où sont, me disais-je encore, les balcons séculaires de la basilique St.-Jean-de-Latran, avec leurs points de vue mélancoliques sur la campagne romaine?..... Appuyés sur la balustrade sacrée d'où le souverain pontife verse sur Rome et sur le monde, *urbi et orbi*, sa bénédiction apostolique, nous pouvons contempler les solitudes qui enveloppent la ville sainte, et ces hautes murailles qui protégeaient autrefois la reine des cités, et n'entourent plus guère aujourd'hui que des ruines. Nous pouvons ouvrir notre âme aux poétiques rêveries, aux émotions profondes qu'inspirent ces tristes restes de la splendeur romaine : aqueducs taris et rompus, voies antiques où personne ne passe, tombeaux sans morts, campagnes dépeuplées, air empoisonné.

Quittons cette scène attachante mais sévère et lamentable, et transportons-nous sur les terrasses coquettes du Pincio. Le Pincio! site enchanteur, retraite délicieuse où j'allais promener chaque jour les secrets de mon cœur, les anxiétés de mon esprit, les ravissements de mon âme! Du haut de ce belvédère, mes regards parcourent en quelques instants les tableaux les plus divers, les plus opposés. D'un côté, la villa Borghèse étale ses élégants jardins, et montre, à travers des bosquets d'arbres verts, son lac, ses statues, ses fontaines. De l'autre, des champs cultivés s'étendent sous mes yeux, avec leurs groupes de paysans courbés sur la bèche pesante. A l'ouest, la ville entière, Rome, est à mes pieds. Les gracieux hémicycles de la place du Peuple s'arrondissent autour de l'obélisque de Ramessès; les dômes des églises brillent sous les feux du soleil, et au milieu de cet amas confus de maisons, de monuments, de palais, mon œil cherche les édifices qu'il préfere, et s'arrête avec satisfaction sur ceux qu'il a reconnus. Ici, c'est la colonne Trajane élevant glorieusement dans les airs le saint qu'elle porte à son sommet; ailleurs, le Panthéon d'Agrippa fier de porter vingt siècles sur sa noble coupole; et plus loin, le mausolée d'Adrien, *moles adriana*, que surmonte l'ange de la paix. Enfin, à l'horizon, au pied du mont Vatican, l'orgueilleuse rivale du Panthéon, la basilique Saint-Pierre soulève majestueusement dans les airs sa gigantesque coupole, et annonce aux regards étonnés le chef-d'œuvre de l'art catholique, la merveille de la Rome des papes.

C'est surtout vers la fin d'une belle journée que j'aimais à errer sur les terrasses du Pincio, à l'heure où le soleil descend sur les sommets du Vatican, couché sur un lit d'or et de pourpre. A cet instant, Rome est plongée dans une pénombre lumineuse; les dômes et les clochers se cuivrent sous les derniers feux du jour; l'ombre des grands édifices s'allonge sur la ville et grandit à vue d'œil. Au moment ou la vaste coupole projetait sur la cité son voile démesuré, il me semblait voir la main du prince des apôtres s'étendre doucement sur Rome, et couvrir d'une ombre protectrice la ville sacrée dont il fut le premier pontife. Le soleil ne tardait pas à disparaître au milieu des pompes de son coucher. Les mille cloches de l'*Ave Maria* saluaient aussitôt son déclin en jetant dans les airs leurs tintements plaintifs; puis tout rentrait dans le silence. L'ombre, insensiblement épaissie, resserrait peu-à-peu le paysage; en quelques instants le jour avait fait place à la nuit, et Rome entière était plongée dans une profonde obscurité.

Je me trompe; un monument, un seul, restait encore visible. Vivement détachée sur un ciel éclairé par les dernières lueurs du crépuscule, la silhouette de l'immense coupole semblait braver les ténèbres, dominer l'obscurité, et symboliser par sa masse imposante la grandeur et la puissance du catholicisme.

Que pourrais-je dire de plus pour peindre mon isolement et mes regrets? Il y avait là tout un monde enlevé à mes goûts, à mes occupations, à mes habitudes, et en l'absence duquel la terre semblait manquer sous mes pas. A force de visiter et d'étudier Rome, à force d'interroger ses monuments, de méditer son histoire, je m'étais créé dans cette ville une vie intellectuelle pour laquelle je n'avais plus d'aliment. Depuis les palais du Cours jusqu'aux rives solitaires du Tibre, depuis les merveilles du Vatican jusqu'aux ruines du Forum, tout, en ces lieux héroïques, parlait un langage qui m'était devenu familier, et dont l'intérêt toujours croissant répandait sur mon existence un charme que je ne saurais rendre.

Puis, — pourquoi hésiter à l'avouer? — à côté de ce monde idéal où mon esprit trouvait de si précieuses distractions, il y avait un monde réel où mon cœur avait rencontré des satisfactions plus douces encore. Il n'est pas nécessaire que je dise ici quelle est celle de ces deux sphères d'attraction qui exerçait sur moi une plus forte influence ; mais je puis déclarer que toutes deux semblaient contribuer à l'envi à entretenir mon culte pour la grande cité.

J'ai déjà parlé des amis que j'avais laissés à Rome, de l'aimable famille que j'avais eu tant de peine à quitter. Au souvenir du bonheur que j'avais à la voir, à vivre près d'elle, on comprendra les regrets qui venaient m'assaillir et l'indifférence où me laissaient Naples et ses merveilles. C'est surtout à l'heure où j'avais coutume d'aller trouver mes deux sœurs adoptives que leur absence se faisait plus cruellement sentir. Quand j'étais parvenu à tuer les longueurs d'une interminable journée, quand je m'interrogeais sur l'emploi de ma soirée, ma pensée m'offrait aussitôt l'image de ces deux aimables personnes, toujours souriantes, toujours heureuses de me recevoir ; et ce souvenir, amer et doux à la fois, creusait encore le vide ouvert autour de moi.

Souvent, j'évoquais, dans le calme et le silence de l'intérieur, la mémoire de ces charmantes amies toujours si vivante dans mon esprit. Je m'attachais à tout ce qui me rappelait leur souvenir ; je me plaisais à revoir les objets qu'elles m'avaient donnés à mon départ de Rome :

Dulces exuviæ dum fata deusque sinebant !

Je ne pouvais les considérer sans émotion. La vue de ces pieuses reliques, gages touchants d'une affection sincère, semblait adoucir ma peine et calmait un instant mes regrets.

J'avais essayé en vain des distractions qui se trouvaient à ma portée. Le théâtre me trouvait inattentif, la musique avait perdu une partie de son charme, et les personnes auxquelles j'avais porté des lettres d'introduction ne pouvaient qu'être bien indifférentes à mes yeux. Mes ennuis me suivaient partout, dans la rue comme au théâtre, au bord de la mer comme dans un salon : ils empoisonnaient tous les plaisirs qui m'étaient offerts.

Cette situation était devenue intolérable ; il m'en fallait sortir à tout prix. Je n'avais guère, il est vrai, le choix des moyens. Les soins de ma santé m'interdisaient le séjour de Rome, Naples m'était insupportable, un seul parti me restait donc à prendre : retourner immédiatement en France. Je ne tardai pas à m'y décider. Malgré des projets bien arrêtés, malgré un vif désir de prolonger mon séjour en Italie, je résolus de partir dès que j'aurais jeté un coup d'œil sur ce que Naples offre de plus curieux, et j'écrivis à ma famille que, sous quinze jours, au plus tard, je serais de retour à Paris.

## II.

# L'église Sainte-Marie-du-Part.

Malgré mon intention de quitter Naples le plus promptement possible, je ne voulais cependant pas partir avant d'avoir parcouru la campagne située à l'occident de cette ville, et connue sous le nom de Champs phlégréens (*Campi phlegræi*, Champs de feu.). Je tenais à donner au moins un regard au siège de la mythologie païenne, aux champs de bataille des Titans, aux enfers si éloquemment décrits par Virgile, enfin à toute cette contrée jadis dévastée par des éruptions volcaniques effroyables, dont les effets et les traces se révèlent à chaque pas. J'espérais bien, d'ailleurs, rencontrer en chemin des objets célèbres et dignes d'une attention particulière : la grotte du Chien, Pouzzoles, la Solfatare, Baïes , etc. , etc. Et quand je dis *rencontrer* , ce n'est pas sans dessein que j'emploie cette expression. En voyage, l'imprévu n'est pas seulement ce qu'il y a de plus probable, c'est souvent aussi ce qui offre le plus d'agrément. Aussi , lorsque j'ai à parcourir un pays où tout a de l'intérêt, je trouve piquant de marcher seul et un peu au hasard. De cette manière je me ménage le plaisir de *découvrir* moi-même ce que j'ai à voir, et sans me lier par un plan arrêté à l'avance, je laisse le champ libre à l'étoile qui guide mes pas et dispose de ma destinée.

. . . . . . . . . . . . . . .

Un jour donc, par une de ces belles matinées de printemps , qui font si bien comprendre et goûter l'Italie , je m'aventure dans la direction de l'ouest , à la recherche des Champs phlégréens. Bien que ce jour-là fut un dimanche, je n'avais pas cru devoir faire grands frais de toilette. En général , quand je vais à la campagne , je n'aime pas que la crainte d'endommager mes vêtements m'empêche de m'asseoir à terre ou de me coucher au pied d'un arbre si la fantaisie m'en prend ; et à Naples, j'étais alors d'autant plus à l'aise pour satisfaire mon goût sur ce point, que je n'y connaissais exactement personne. Un feutre gris de forme conique et à larges bords , servant alternativement de siège et de couvre-chef, suivant la saison et les besoins du moment , un paletot-sac où semblaient se confondre toutes les couleurs, un pantalon auquel il eut été difficile d'en assigner une , tel était, avec une paire de gros souliers, le costume spécialement consacré à mes excursions champêtres. Si l'on y ajoute une cravate en sautoir et une chemise d'une blancheur douteuse (*infandum !*), on aura une idée du négligé assez peu galant dans lequel je ne craignis pas de sortir, à Naples, un saint jour de dimanche. Et qu'on veuille bien ne pas se presser de trouver oiseux ces menus détails ; on verra dans un instant en quoi ils sont nécessaires à mon récit.

Quelque peu recherchée que fut cette toilette, et quelque coupable que je fusse en ne respectant pas mieux le jour consacré au Seigneur, on m'accordera pourtant, j'espère, que ce costume était bien suffisant pour courir sur les routes poudreuses des environs de Naples, ou m'étendre sur les herbes brûlées de son sol volcanique. Je ne tardai pas d'ailleurs à expier ma faute. Mon accoutrement champêtre ne devait voir ce jour-là ni les routes poudreuses ni les herbes brûlées : il allait m'exposer à de cruelles humiliations.

Heureusement, l'ombre du passé, a dit un poëte, nous dérobe la connaissance de l'avenir ; ou plutôt, la Providence, toujours bienveillante pour nous, n'a pas permis que nos plaisirs fussent troublés à l'avance par la perspective des contrariétés qui nous attendent. Franchissant donc, d'un pied léger, les rues de Tolède et de Chiaja, je traverse, sans m'arrêter, la Villa-Reale dans toute sa longueur, et j'arrive à la plage de Mergellina avec l'intention de suivre la belle route ouverte par le roi Murat, sur le versant oriental du Pausilype. Toutefois, me rappelant à propos qu'il existe, dans les environs, une petite église assez curieuse à visiter, je feuillette, tout en marchant, le Vasi, qui me sert à la fois de guide et de compagnon de voyage, et tous renseignements pris, je m'achemine vers l'église Sainte-Marie-du-Part (*Santa-Maria-del-Parto*). Je devais trouver là un beau mausolée élevé à Sannazar, poëte napolitain fort distingué qui vivait au commencement du XVI^e^ siècle.

Cette église, attachée aux flancs du Pausilype, est suspendue, pour ainsi dire, à quelques mètres au-dessus de la route. Lorsque j'y arrivai, elle était fermée, et rien n'annonçait qu'elle dût bientôt s'ouvrir. Cependant, comme il me semblait impossible qu'à Naples, un dimanche, une église quelle qu'elle fut, ne s'ouvrît pas au moins pendant l'espace d'une messe; et comme d'ailleurs rien ne me pressait, je pris le parti d'imiter ce paysan qui, tranquillement assis sur le bord d'une rivière, attendait pour passer que l'eau eut fini de couler, et j'attendis.

Du reste, le point où je me trouvais alors offrait un coup-d'œil magnifique, et des yeux moins prévenus que les miens n'auraient pas manqué d'en être vivement frappés. Du haut du terre-plein qui précède l'église, je voyais se développer toute la partie orientale du golfe, depuis le mont Saint-Erme jusqu'au cap Minerve. A mes pieds, la vague clapotait doucement entre les roches qui protége la route; devant moi se dressait le Vésuve avec sa double cime surmontée d'un gigantesque panache de fumée; et la mer, pareille à une vaste nappe d'azur ourlée de fils d'argent, semblait lutter avec le ciel de transparence et de pureté.

Après quelques instants consacrés à me reconnaître au milieu du panorama déployé sous mes yeux, je profite du laisser-aller qu'autorise mon costume pour m'asseoir à l'ombre au pied du parapet qui borde le terre-plein; et là, un coude à terre et mon livre à la main, je me confie dans la dévotion des habitans du quartier, et je cherche à m'édifier sur ce qui touche l'église et le tombeau que je vais visiter.

A la fin du XV<sup>e</sup> siècle, le Pausilype, bien que déchu des splendeurs dont l'avaient revêtu le luxe et la mollesse des Romains, avait toujours pour lui l'éternel avantage de sa position sur le plus beau golfe du monde. Toutes les merveilles dont cette côte était couverte avaient disparu avec les maîtres de l'univers, mais la mer était toujours aussi bleue, le ciel aussi pur, le soleil aussi éclatant. Cet admirable site n'avait point échappé aux fondateurs de communautés religieuses, et quelques couvents s'étaient établis peu à peu sur les ruines des anciennes villas romaines, aux lieux mêmes où les persécuteurs des chrétiens venaient, loin de Rome, noyer dans l'ivresse et la volupté les soucis du pouvoir et les déboires de l'ambition. A cette époque, les terrains qui avoisinent l'église Ste.-Marie-du-Part se trouvaient dans les dépendances d'un monastère de bénédictins fondé sous l'invocation de saint Séverin. Frédéric d'Aragon qui régnait alors à Naples, en ayant fait l'acquisition, les donna en partie à Sannazar dont il voulait récompenser le mérite. Celui-ci y fit construire une villa charmante où il composa, entre autres ouvrages, un poëme latin assez singulier qui porte pour titre : *De partu Virginis.*

Mais la renommée d'un poëte que ses contemporains avaient surnommé le Virgile chrétien, ne devait pas préserver son habitation chérie des ravages de la guerre. Impitoyable comme un conquérant, Philibert, prince d'Orange, qui commandait en Italie les armées de Charles-Quint, la démolit pendant qu'il faisait le siége de Naples. Le malheureux poëte en fut inconsolable. Il ne voulut point la faire reconstruire; et en 1529 il donna l'ordre d'élever à sa place une église qu'il baptisa du nom de Ste.-Marie-du-Part en mémoire de son poëme. Il la dota de riches revenus et en fit donation aux Pères servites de Marie *(servi di Maria)*. Au décès de Sannazar, arrivé peu de temps après, ces religieux voulurent conserver au milieu d'eux les restes mortels de leur bienfaiteur, et ils lui érigèrent dans l'église qu'il leur avait donnée, le mausolée dont la réputation venait de m'attirer en ces lieux.

Pendant ma lecture, quelques fidèles étaient venus heurter à la porte de l'église; et leur désappointement en la trouvant fermée m'avait prouvé que je ne m'étais pas trompé dans mes suppositions. J'attendais donc plus patiemment que jamais, lorsque à son tour un prêtre vint frapper à cette porte qui, impassible et muette, semblait un ironique défi jeté à la patience des dévots. Le ministre de Dieu ne parut pas prendre la chose aussi bien que ceux qui l'avaient précédé. Il frappa à plusieurs reprises, maugréa entre ses dents, et finit par arpenter le terre-plein à grands pas et d'un air fort agité. Tout entier à ma lecture, en apparence, je ne laissais pas de l'examiner avec quelque curiosité. Il paraissait avoir cinquante cinq ans, et portait la demi-tenue des prêtres séculiers. Cette tenue était parfaite, et aussi élégante que le comporte le costume ecclésiastique. Habit noir à collet droit, culotte courte, bas de soie, souliers vernis à boucles d'argent, tricorne irréprochable, jonc à pomme d'or, tout annonçait en lui un prêtre de bonne maison. Comme il s'était approché de moi plusieurs fois en murmurant et grondant à mi-voix, je pensai qu'il était disposé à m'adresser la parole, et ne voulant pas lui fermer plus longtemps les portes de la conversation, je quittai mon livre, en jetant un coup d'œil de son côté. Il s'avança aussitôt vers moi :

« — Vous attendez, sans doute, que l'église soit ouverte? me dit-il, toujours en proie à une grande agitation.

» — *Si signore*, répondis-je en me levant sur mon séant, et j'attends, comme vous voyez, très patiemment.

» — C'est incroyable !... Une église qui devrait être

toujours ouverte !.... Je viens pour y dire la messe.... J'avais recommandé au sacristain de s'y trouver à huit heures ; il est huit heures et demie et il n'est pas encore arrivé !

» — Il ne peut tarder beaucoup à venir, dis-je en me levant tout à fait.

» — Vous lisiez?..... pour passer le temps?

» — Justement. » Je racontai alors à mon impatient interlocuteur pourquoi et comment je me trouvais en ces lieux. Il m'assura que je ne regretterais pas d'avoir attendu, et s'offrit à me faire les honneurs de son église, ce que je n'eus garde de refuser. Notre conversation paraissait l'avoir un peu calmé, lorsque arriva le sacristain portant sur la tête, dans un large plateau, des habits sacerdotaux, un calice, et tous les objets nécessaires à la célébration de la messe. Celui-ci essuya assez stoïquement les reproches qui lui furent adressés, et il nous ouvrit enfin cette fameuse porte qui, depuis trois quarts d'heure, arrêtait prêtre, fidèles et curieux.

Quand nous fûmes dans l'église, le prêtre me dit d'un air affectueux :

» — Je vais d'abord célébrer la messe ; si vous ne l'avez pas encore entendue et qu'il vous soit agréable d'assister à celle-ci......... nous examinerons ensuite le mausolée.

» — Je suis doublement heureux de vous avoir rencontré, répondis-je ; je n'ai point encore entendu la messe ce matin. »

Nous entrâmes alors dans la sacristie, et il revêtit ses ornements sacrés. Puis, s'adressant au sacristain :

» — A-t-on prévenu madame la marquise?

— » *Si signore.*

» — Bien. Allez sonner le second coup, et revenez aussitot. »

Peste ! me dit-je, il paraît qu'il y a une marquise !

Tandis que j'échangeais quelques mots avec mon brave ecclésiastique, arrive dans la sacristie un jeune homme endimanché et tout pimpant qui, saluant le prêtre du nom de don Gaspare (*) lui baise respectueusement la main. Un autre arrive ensuite, puis un troisième, et voilà la sacristie transformée en salon de conversation. Je ne devais pas être, je crois, un médiocre sujet de curiosité pour ces jeunes gens, bien étonnés, sans doute, de trouver là un *forestiere* (étranger) aussi mal accoûtré. Mais fort de mon auguste patronage, je n'étais pas trop embarrassé de mon rôle, et je faisais bonne mais discrète contenance. Bientôt le sacristain vint annoncer que madame la marquise était arrivée. Aussitôt, tout le monde de se mettre en mouvement pour entrer dans

(*) Le *don* ainsi placé devant les prénoms remplace, dans le royaume de Naples, le mot *signore* (monsieur). Ce monosyllabe, dérivé du latin *dominus*, est un vestige de la domination espagnole, et n'est point usité dans les autres parties de l'Italie.

l'église. Don Gaspare marche à notre tête, le calice à la main ; son sacristain le suit. Viennent ensuite les nouveaux arrivés ; et le *forestiere* clot modestement la marche.

Des chaises avaient été préparées dans le chœur pour quelques élus; je ne craignis pas de m'y installer à côté de la jeunesse dorée de Mergellina, et en peu d'instants je fus tout à l'office. Toutefois, je ne pus m'empêcher de jeter, à la dérobée, quelques regards sur le petit nombre d'assistants, pour essayer de reconnaître la personne dont le titre aristocratique avait frappé mon oreille ; mais je ne pus distinguer qu'une dame âgée et quelques jeunes femmes dont l'une se faisait remarquer par les boucles luxuriantes qui encadraient sa figure.

Après la messe, qui fut célébrée avec beaucoup d'onction par don Gaspare, puisque don Gaspare il y a, nous revînmes à la sacristie dans l'ordre où nous l'avions quittée. Les jeunes amis de don Gaspare l'entourèrent alors, et chacun d'eux lui baisa la main en disant : « *mille grazie !* » ce que voyant, je m'approchai à mon tour, et décochai bravement mon *mille grazie !* Don Gaspare paraissait l'attendre, et il accueillit ce remerciement avec un aimable sourire.

En règle désormais avec l'Eglise, il me restait encore à remplir le but de ma visite. Et à cet égard, la rencontre de mon ecclésiastique se trouvait avoir un doubl à-propos. Nul mieux que lui ne pouvait me servir de guide; et d'un autre côté, la messe que je venais d'entendre n'était-elle pas une préparation convenable pour visiter la tombe d'un poëte qui chanta la naissance du Christ?......

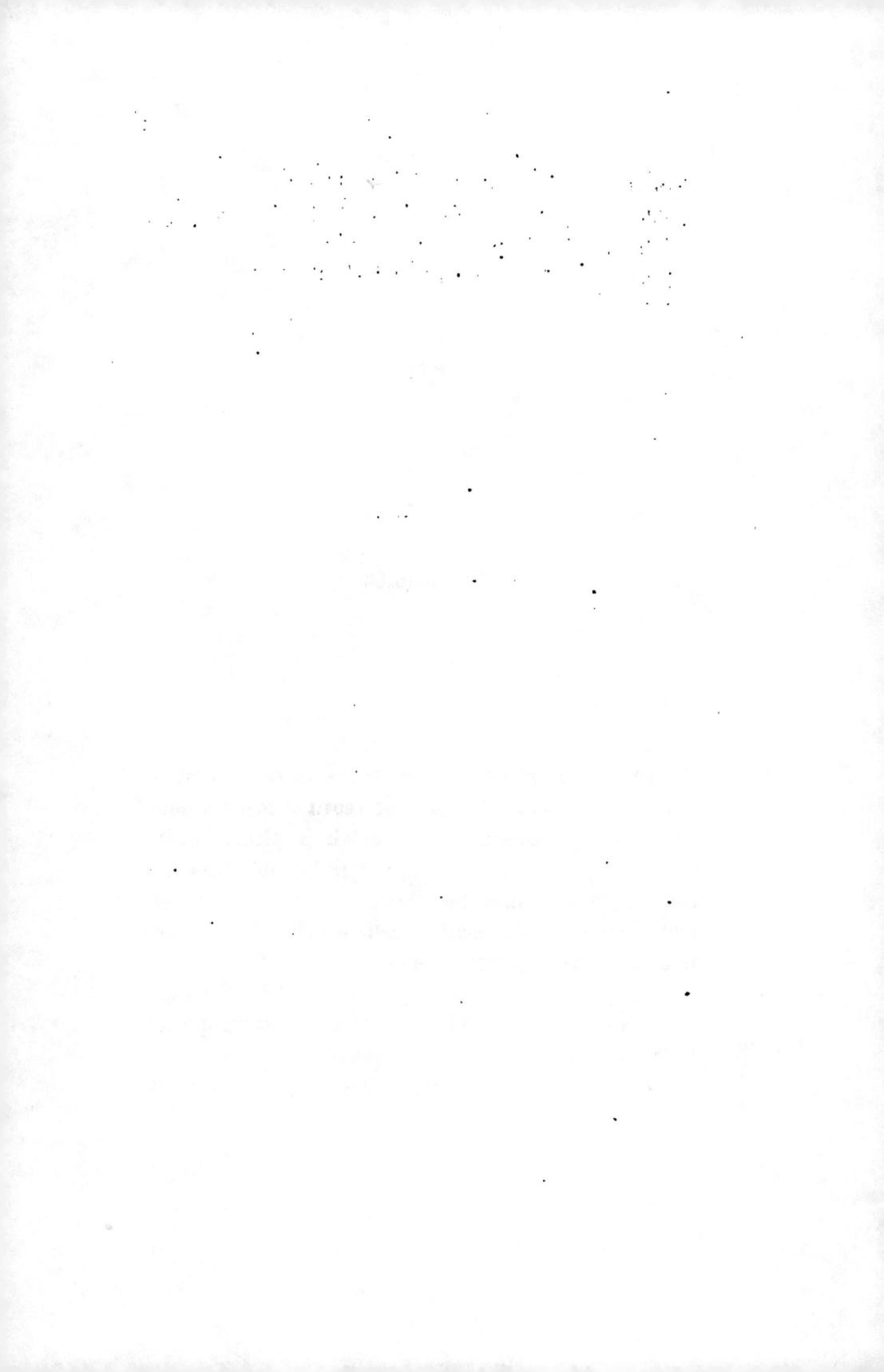

## III.

### Le mausolée.

N'eût été ma toilette, j'aurais été ravi de ma rencontre. Pas une réminiscence française ne venait se mêler à mes impressions ; la couleur locale coulait à pleins bords. Mais je ne pouvais me dissimuler que le sans-façon un peu exagéré de mon costume ressortait étrangement sur tout ce monde endimanché, et cette pensée suffisait pour troubler à chaque instant mes jouissances.

Je vis donc sans peine les amis de don Gaspare quitter la sacristie ; et l'église étant redevenue déserte, je demeurai seul avec mon ecclésiastique. Dès qu'il eût repris sa tenue de ville, il s'empressa de tenir sa promesse et me conduisit devant le mausolée élevé en l'honneur de Sannazar.

Ce monument est tout-à-fait digne de sa réputation. Érigé au fond du chœur, derrière le maître-autel, il occupe en entier le fond de la petite église des Pères Servites. Le cénotaphe, entouré de bas-reliefs gracieux, repose sur deux supports élégants et légers. Au-dessus, s'élève, couronné de laurier, le buste de Sannazar; et de chaque côté, des Génies en pleurs tiennent en main des guirlandes de cyprès dont ils semblent vouloir l'entourer. A droite et à gauche, on remarque deux belles statues en marbre blanc, de grandeur naturelle, représentant Apollon et Minerve. Assises près des restes mortels du poète, ces deux divinités offrent un emblême ingénieux du sentiment poétique et des pensées élevées qui règnent dans les œuvres de Sannazar.

Sous le cénotaphe, entre les supports sur lesquels il s'appuie, s'élève une large table de marbre sculptée. Ce morceau est l'un des plus estimés du mausolée. L'artiste, voulant faire allusion aux différents genres de poésie traités par Sannazar, a groupé avec un art et une grâce remarquables, Neptune, Pan, des bergers et des nymphes.

Tout cet ensemble de sculptures repose sur un large socle de marbre richement orné de Génies et de bas-reliefs. Une grande fresque, peinte sur le fond de l'église, couronne le monument et montre la Renommée qui, la trompette à la bouche et les aîles déployées, va porter au loin la réputation et la gloire du poëte.

Après la sculpture et la peinture, la muse latine contemporaine a voulu contribuer aussi à immortaliser la mémoire de l'illustre Napolitain. Saisissant avec un heureux à-propos le rapport qu'établissait entre Sannazar et Virgile, le mérite du premier de ces poëtes et le voisinage de la tombe du second, le cardinal Bembo composa l'épitaphe suivante :

DA SACRO CINERI FLORES : HIC ILLE MARONI
SINCERUS (*) MUSA PROXIMUS UT TUMULO.

Il était difficile de dire plus en moins de mots. *Proximus ut tumulo !* Quelque modeste qu'ait été le célèbre chantre de la Vierge, il me paraît impossible qu'il n'ait pas tressailli d'aise au fond de sa dernière demeure, quand le distique du spirituel cardinal fut gravé sur son tombeau.

En somme, ce monument est d'une belle ordonnance; les parties qui le composent forment un tout harmonieux et imposant. Païen par la forme et chrétien par le fond, il caractérise à merveille le génie de l'auteur des *Eglogues maritimes*, des *Pastorales* et du poëme *De partu Virginis* ; il possède en outre le rare mérite de ne pouvoir convenir qu'au poëte dont il renferme les restes.

(*) Le nom de *Sincerus*, donné à Sannazar dans cette épitaphe, est un nom d'emprunt choisi par ce poëte, conformément aux usages de l'académie des *Arcades*, dont il faisait partie.

Je croyais savoir mon mausolée par cœur, lorsque don Gaspare me dit en souriant :

» — Au premier coup d'œil jeté sur ces deux belles statues, vous avez sans doute reconnu Apollon et Minerve?

» — Assurément ; et il n'y a pas, je crois, grand mérite à cela.

» — Approchez-vous un peu cependant, et lisez les noms gravés à leurs pieds. »

J'obéis ; mais aussitôt je laissai échapper une exclamation de surprise. Je considérai de nouveau les statues de la tête aux pieds ; je lus encore une fois les noms burinés dans le marbre ; puis je me tournai vers don Gaspare qui s'amusait de mon étonnement.

» — Il y a sous ces deux noms, me dit-il, une histoire que je veux vous raconter. Elle est assez curieuse, et vous donnera une idee de ces querelles ridicules que soulèvent parfois dans les couvents les causes les plus futiles, et qu'y entretient ensuite le désœuvrement.

» — Contez, de grâce, car je suis fort intrigué.

» — Vous avez déjà deviné qu'en plaçant de chaque côté du cénotaphe de Sannazar les statues d'Apollon et de Minerve, l'auteur du mausolée avait voulu symboliser sous cette forme l'inspiration et la sagesse qui règnent dans les ouvrages de ce poëte. Mais l'artiste avait compté sans l'oisiveté du cloître et l'esprit étroit des moines. Un beau jour, des âmes scrupuleuses se scandalisèrent de voir des divinités du paganisme orner, dans une église catholique, le tombeau du Virgile chrétien ; un parti se forma contre Apollon et Minerve, et le couvent se divisa en deux camps. L'un, acceptant le fait accompli, se prononçait énergiquement pour le maintien du *statu quo* ; l'autre, invoquant les saines traditions de l'Église, ne parlait rien moins que de précipiter les faux dieux de leur piédestal.

» La querelle une fois engagée, il n'était pas facile de l'apaiser. Enlever les statues! disaient les uns, c'est mutiler inutilement une œuvre d'art, commettre gratuitement un acte de vandalisme! — Conserver ces images! s'écriaient les autres, c'est sanctionner une impiété, perpétuer un scandale! Bref, les bonnes raisons ne manquaient pas de part et d'autre, et les moines discutaient toujours.

» Au bout de quelques années, ces divisions ayant pris un caractère d'acrimonie dangereux pour la tranquillité du couvent, on convint de mettre fin à ces débats en s'en référant à la décision d'une autorité prise en dehors de la congrégation. Le Père Buonvicini, Abbé d'un monastère de dominicains également situé sur le penchant du Pausilype, en face la Rivière de Chiaja, fut choisi tout d'une voix pour prononcer en dernier ressort sur cette grave affaire. Le sage Abbé ne resta pas au-dessous de sa réputation ; la sentence qu'il prononça dans cette circonstance solennelle laisse, à mon avis, à cent coudées au-dessous d'elle le jugement si vanté du roi Salomon.

» Au jour fixé, il se rend au couvent des Pères Servites, et là, au milieu d'une émotion facile à comprendre, il s'exprime de la manière suivante :

» Nous vous apportons, très Révérends Pères, la
» décision que nous a dictée notre faible intelligence ;
» puisse-t-elle ramener parmi vous l'union et la con-
» corde, et étouffer à jamais ces querelles funestes qui
» troublent votre repos et divisent depuis trop long-
» temps des cœurs faits pour s'aimer ! (Assentiment
» général.)

» Vous, dit-il en se tournant du côté des *conser-*
» *vateurs*, vous voulez le maintien de statues qui font
» l'ornement de votre église ; vous reculez devant la
» mutilation du tombeau de votre bienfaiteur ? (A droite :
» oui ! oui !) Vous, ajouta-t-il en se tournant du côté
» des *abolitionistes*, vous réclamez la suppression d'un
» scandale ; vous voulez bannir du lieu saint l'image
» des faux dieux ? (A gauche : oui ! oui !) Eh bien ! mes
» Révérends, rien n'est plus facile que de vous donner
» à tous une égale satisfaction. (Mouvement très vif de
» curiosité.) Changez le nom de ces statues ; que désor-
» mais Apollon vous offre l'image de David, que Mi-
» nerve soit pour vous Judith, et toute difficulté cesse
» aussitôt. L'auguste psalmiste dont la harpe sut dis-

» siper les ennuis du roi Saül, sera convenablement
» représenté par le dieu qui présidait le chœur des
» Muses; et l'héroïne qui fit tomber la tête d'Holo-
» pherne est digne à beaucoup d'égards de prendre les
» traits de la belliqueuse Pallas. Quant à Sannazar, il
» fut trop bon chrétien pour que ce changement puisse
» chagriner son ombre; il approuverait, n'en doutons
» pas, une métamorphose qui concilie les égards dus
» à la religion avec le respect que mérite son tom-
» beau. *Dixi.* »

» Ce discours fut pour les assistants comme une révélation d'en haut. Il n'y eut qu'une voix pour applaudir à la sagesse du Père Buonvicini; et les moines, oubliant leurs vieilles querelles, se précipitèrent en pleurant dans les bras des uns des autres. On résolut de procéder immédiatement à l'exécution de la sentence. L'émotion etait trop forte pour qu'on réfléchît au singulier anachronisme qui allait résulter de cette substitution de noms. On n'eut pas le temps de songer que les attributs du dieu du soleil n'étaient pas précisément ceux du vainqueur de Goliath, et que le costume de la fille de Jupiter ne ressemblait guère à celui de la courageuse veuve de Béthulie; les statues furent solennellement débaptisées puis rebaptisées; et aujourd'hui les noms de David et de Judith gravés dans le marbre, consacrent à jamais le souvenir de cette solution mémorable. »

» — Votre histoire est charmante, dis-je à don Gaspare; mais est-ce là tout?

» — Assurément. Et que voudriez-vous de plus ?

» — J'aurais voulu, répondis-je, qu'on appliquât aux divinités qui figurent dans le bas-relief le procédé suivi à l'égard d'Apollon et de Minerve. Pour être de moindre dimension que les statues, ces divinités n'en offrent pas moins, au sein de l'église, l'image des dieux du paganisme ; et je comprends difficilement qu'on ait pu se scandaliser des unes sans se préoccuper des autres.

» — Cela vous est facile à dire ; mais il eut fallu trouver des noms aux images de ces dieux proscrits.

» — Oh ! pour cela, c'eut été encore plus facile à faire. Voyez plutôt. Ce Neptune à longue barbe, qui tient en main son trident, eut pu facilement passer pour Moïse au moment où il va pourfendre le rocher qui doit donner de l'eau aux Hébreux. Ce Pan aux cornes naissantes et aux jambes de bouc, eut figuré fort convenablement Nabuchodonosor au commencement de sa métamorphose ; et sans sortir de l'Ancien-Testament, il eut été facile de trouver des noms aux divinités accessoires qui complètent ce morceau.

» — Jésus-Marie ! s'écria don Gaspare, quelle imaginative ! Vous eussiez été digne d'entrer en lice avec le Père Buonvicini. Je vais coucher ces noms sur mes tablettes ; et si jamais la discorde s'élève à ce sujet entre les Pères Servites, je me fais fort de l'apaiser à l'aide de votre ingénieuse transformation. »

Je m'inclinai avec modestie.

Aujourd'hui, les savants discutent sur le nom des auteurs de ces sculptures. Les uns les attribuent à Poggibonsi, d'autres en font honneur à Santa-Croce. Pour moi, je crois qu'ils ont tous raison, car il paraît certain qu'elles furent commencées par l'un et achevées par l'autre.

Tout en causant sur ce sujet, nous avions quitté le chœur, et nous étions arrivés à la porte de l'église.

« — Puisque je suis devenu votre *cicerone*, me dit don Gaspare, il faut que je remplisse mes fonctions jusqu'au bout. Nous avons ici, continua-t-il en se dirigeant vers la première chapelle de droite, un tableau auquel se rattache une légende fort édifiante. Ce tableau, peint sur bois par Léonard de Pistoie vers le commencement du XVIe siècle, représente, comme vous voyez, l'archange St.-Michel terrassant le démon. En le commandant, Diomède de Carafa, évêque d'Ariano, avait chargé l'artiste de donner au démon les traits d'une dame qui, follement éprise de lui, le poursuivait de déclarations et d'œillades incendiaires. L'honnête prélat voulait figurer sous cette allégorie le triomphe de la vertu sur les tentations du monde et les embûches de satan. L'artiste obéit; et le tableau est resté comme un monument de la continence du chaste évêque. Un vague souvenir de cette tradition s'est même perpétué dans le peuple, et maintenant encore ce tableau est connu sous le nom du *Diable de Mergellina*.

» — Il est fâcheux, dis-je à don Gaspare, qu'après avoir eu une idée aussi lumineuse, Diomède de Carafa ne l'ait réalisée qu'à moitié. Que ne s'est-il fait représenter lui-même en archange? Du moins l'allégorie eut été complète. Il n'eût fait d'ailleurs que devancer en cela la transfiguration qui l'attendait nécessairement après une conduite si méritoire, et nous posséderions aujourd'hui les traits de ce modèle de chasteté. »

Je dois dire, pour être exact, qu'examen fait des traits de l'amoureuse dame, il me sembla qu'il y avait eu peu de mérite de la part du vertueux Diomède à résister à ses poursuites; mais je dois dire aussi que ces traits avaient alors subi l'épreuve de plus de trois siècles.

Nous sortîmes enfin de l'église. Le sacristain qui paraissait s'intéresser fort peu à toutes nos dissertations, s'empressa de fermer la porte sur nous, et je descendis avec don Gaspare sur la plage de Mergellina. Il était bien temps que je prisse congé de mon obligeant ecclésiastique. Je me hâtai de le faire, non sans le remercier vivement et lui dire combien je me félicitais de l'heureux hasard qui me l'avait fait connaître.

Il ne voulut pas demeurer en reste de politesse avec moi :

» — J'habite ici tout près, me dit-il, dans ce *palazzo* que vous apercevez là-bas ; c'est même ainsi que je viens dire la messe tous les dimanches dans cette église. Quand vous repasserez de ce côté, j'espère bien que vous penserez à moi et que vous prendrez la peine de venir me voir. »

Je l'assurai que je n'y manquerais pas.

J'allais me retirer, lorsqu'il ajouta : « — Mais au fait, pourquoi ne monteriez-vous pas un instant ? »

Cette proposition me remit aussitôt en mémoire les licences exagérées de ma toilette, et je refusai net. Mon prêtre insista vivement ; mais malgré la bonne envie que j'avais moi-même de faire plus ample connaissance avec un homme si engageant, ma conscience me disait que mon costume, bon tout au plus pour courir la campagne, m'interdisait formellement le seuil d'une maison honnête.

A la fin cependant, vaincu par ses instances, je me laisse entraîner, et je le suis, non sans une secrète répugnance, dans le large escalier qui conduit à son appartement. Arrivés au premier étage, nous traversons deux ou trois pièces ; il ouvre ensuite une dernière porte, et me fait passer devant lui. Mais à peine entré, je recule d'un pas mal assuré, je balbutie quelques mots inarticulés, puis je demeure muet, interdit. Je venais de voir.....

Mais je dirai au chapitre suivant ce que je venais de voir.

## IV.

## Une matinée dansante improvisée.

Tout le monde a éprouvé qu'il est certains moments dans la vie, où l'on voudrait pouvoir s'abîmer tout d'un coup dans les entrailles de la terre. Il n'est personne qui ne se soit trouvé dans une de ces positions fausses, embarrassantes, pénibles, où l'on regrette de n'avoir pas à sa disposition quelque trappe tutélaire pour se dérober à sa mauvaise fortune. Malheureusement, ces disparitions subites, parfois si désirées, ne sont guère en usage qu'au théâtre, et encore ne s'y opèrent-elles qu'au coup de sifflet du machiniste. Aussi celui qui tombe dans un de ces guets-apens que le hasard tend parfois sous nos pas, doit-il se résigner le plus souvent à boire jusqu'à la fin le calice de confusion versé par son mauvais génie.

Telle était ma situation quand j'eus franchi le seuil du salon de don Gaspare. Au premier mouvement de la porte, vingt yeux s'étaient braqués sur moi ; à peine fûmes-nous entrés que dix personnes se levèrent pour nous recevoir. Malgré mon trouble à cet aspect, un coup d'œil suffit pour me reconnaître : j'étais tombé au milieu des fidèles réunis quelques instants auparavant dans l'église Ste-Marie-du-Part. Vainement j'aurais essayé de fuir ; don Gaspare m'avait légèrement poussé en avant, et placé entre moi et la porte qu'il venait de fermer, il me coupait résolument toute retraite. J'étais pris comme dans un trébuchet.

Ainsi, après m'être décidé, non sans peine, à suivre ce prêtre jusqu'à son appartement où je croyais être seul avec lui, je me trouvais, dans le costume que l'on sait, inopinément introduit au milieu d'une société choisie et parée de cette élégante recherche qu'amène le dimanche.

Je n'eus pas le temps de faire de longues réflexions sur les perplexités de ma position ; don Gaspare m'avait pris par la main, et déjà il me présentait à la marquise, vieille et excellente amie, me dit-il, qui venait, le dimanche, passer la journée avec lui ; à sa nièce, la jeune femme aux boucles luxuriantes, et successivement à toutes les personnes qui se trouvaient là. Ces présentations m'ayant permis de reprendre mon sang-froid, je fus bientôt en état de payer d'assurance, et je m'étudiai à regagner par le ton et les manières ce qui me manquait si étrangement du côté de la toilette.

Don Gaspare avait bien pu me faire connaître la marquise, sa nièce, ses voisins; mais il eût été bien embarrassé de leur donner le moindre renseignement sur mon compte. Et pourtant, j'avoue qu'il y avait dans mon apparition de quoi intriguer les moins curieux. Aussi était-il facile de voir que toute ma personne était l'objet d'analyses fort peu rassurantes, et que chacun se demandait où et comment don Gaspare avait fait connaissance de ce singulier visiteur.

Cependant, la conversation était devenue générale. Une question de la marquise m'avait amené à faire connaître mon pays, et c'était à qui adresserait la parole au *signor Francese*. Je répondais de mon mieux à mes interlocuteurs lorsque en faisant, à la dérobée, l'inventaire du salon, j'aperçus, à demi-caché derrière les assistants, un magnifique piano à queue. Je m'adresse aussitôt à la nièce de don Gaspare, et je m'informe si c'est elle qui joue de ce bel instrument.

« — Il sert à m'accompagner, me dit-elle, je ne m'occupe que de musique vocale. Mais vous, signore, ajouta-t-elle, vous êtes pianiste peut-être?

« — Oh! fis-je, le plus faible de tous les pianistes. Je regrette de ne pouvoir offrir à la signora de lui accompagner un morceau, mais je suis tout-à-fait incapable de jouer à première vue.

» — Vous pourriez peut-être alors, répliqua-t-elle assez vivement, trouver ici quelque morceau qui vous fût connu?.... »

Sur ma réponse affirmative, la nièce de don Gaspare se lève, m'apporte un énorme paquet de musique, et nous nous mettons tous deux à le passer en revue.

Cette heureuse circonstance avait achevé de me rendre à moi-même : je me trouvais désormais dans un élément familier. La conformité de goûts qui venait de se révéler semblait établir de prime abord une sorte d'intimité entre cette jeune femme et moi, et tout entier à ma recherche, je m'inquiétais fort peu des commentaires et des chuchotements dont j'étais l'objet.

Je ne tardai pas à trouver le morceau désiré. C'était une cavatine du premier acte d'*Ernani* que j'avais essayée pendant mon séjour à Rome. Je m'assieds aussitôt au piano, la nièce de don Gaspare se place à ma droite. Tandis que je prélude par quelques accords, elle tousse légèrement pour éclaircir son organe, et bientôt un profond silence règne dans le salon.

Cette aventure prenait décidément la tournure d'une féerie en plusieurs tableaux. Depuis quelques heures, l'inattendu n'avait cessé de régner sur ma destinée, et tout semblait devoir m'arriver hormis ce que je pouvais prévoir. Parti de Naples en costume de voyage, pour faire une excursion dans la campagne, je m'étais arrêté à la porte d'une église, j'avais entendu la messe, visité un mausolée; puis, emmené de force par un brave ecclésiastique, je venais d'être conduit dans un salon, au milieu de belle et bonne compagnie; et là, installé chez un prêtre qui ne savait pas qui j'étais, j'allais, en présence d'un auditoire qui ne me connaissait point, accompagner sur le piano une jeune femme qui ne m'avait jamais vu.

Tout cela ne m'empêcha pas d'exécuter mon accompagnement avec une certaine assurance, et une salve d'applaudissements accueillit la fin de notre morceau.

Il est bien temps que je dise un mot de la nièce de don Gaspare. Dona Mariannina (c'est ainsi qu'on l'appelait) paraissait âgée de vingt-trois à vingt-quatre ans. Elle n'était pas mariée et demeurait avec son oncle. Bien qu'elle fût Sicilienne, comme je l'appris plus tard, elle n'offrait dans sa personne aucun des caractères propres à son pays. Ses cheveux, seuls, abondants et fortement ondés, annonçaient une origine méridionale que démentaient son teint clair et ses yeux bleus. Ses traits n'avaient point cette noble régularité qu'on admire chez les Romaines, mais il y avait en elle quelque chose de doux et affectueux qui plaisait au premier abord; en un mot, elle était sympathique. Réservée sans timidité, calme sans froideur, elle s'animait rarement, mais savait toujours être convenable. Quant à sa voix, c'était une des plus délicieuses voix de salon que j'aie entendues. Seulement, l'absence d'animation qu'on remarquait chez elle devenait plus sensible dans son chant, et malgré la douceur et la pureté de son organe, on se prenait à regretter qu'elle ne sut pas mieux nuancer ses accents.

Nous avions trop bien commencé pour en rester là. Sur ma demande, don Gaspare qui s'était occupé autrefois de musique, accompagna sa nièce à son tour; ils nous firent entendre un morceau qui me parut d'une facture un peu ancienne, mais fut bien exécuté.

Après quelques instants de conversation, trouvant que la séance était bien suffisante pour une première visite, je me disposais à me retirer lorsque dona Mariannina me demanda si je ne pourrais pas jouer quelque morceau de piano.

» — Un morceau? répondis-je, cela me serait tout à fait impossible; mais si la signora veut bien se contenter d'une valse, je serai heureux de répondre à son désir. »

Aussitôt offert, aussitôt accepté. Je me remets au piano, et stimulé par un amour-propre facile à comprendre, j'exécute avec tout le *brio* dont je suis capable, une des valses les plus goûtées de mon répertoire. Le piano était excellent; il résonnait magnifiquement sous les voûtes du salon; et ses vibrations sonores, réagissant sur mon cerveau, communiquaient à mon jeu un brillant qui m'étonnait moi-même.

Tout-à-coup, un des jeunes gens qui m'écoutaient, se lève, électrisé par le rhythme entraînant de la musique, et saisissant par la taille une de ses voisines, il s'élance avec elle en valsant au milieu du salon. Un autre couple en fait autant, puis un troisième, et en un instant le salon de don Gaspare se trouve transformé en salle de bal. Cet hommage rendu à la puissance de ma valse n'était pas fait pour m'arrêter. Certain du moins de faire plaisir à quelqu'un, je me laissais aller à l'entrain qui m'animait, et, pianiste et piano, identifiés l'un avec l'autre, accentuaient avec une vigueur que rien ne pouvait distraire, une mélodie au rhythme vif et fortement cadencé. Mon brave ecclésiastique était dans le ravissement. « *Bravo* le pianiste! s'écriait-il, *bravi* les valseurs! *bravi tutti!* » et ne pouvant résister à l'action des atomes tourbillonnants qui s'échappaient en foule du piano, il se lançait à la suite des valseurs en tournoyant sur lui-même, bras et jambes en l'air, comme un zéphir d'opéra.

Prenez garde don Gaspare! Si votre évêque le savait!.... Mais que dis-je? ne sommes-nous pas en Italie, à Naples? Là où les prêtres vont voir les ballets, les ecclésiastiques peuvent bien valser!

Au bout d'une demi-heure, je revins prendre ma place au cercle, et comme don Gaspare à la suite de la messe qu'il venait de nous dire, je reçus à mon tour de nombreux « *mille grazie.* » La réunion offrait alors un aspect bien différent de ce qu'il était à mon arrivée. Aux figures ébahies qui avaient accueilli mon entrée, avaient succédé des visages riants et animés par le plaisir. Les physionomies s'étaient épanouies, la satisfaction se lisait dans tous les yeux, et les trois jeunes valseuses, le sourire sur les lèvres et toutes palpitantes d'émotion, remerciaient du regard l'inconnu qui leur apportait ce bonheur. Je n'étais plus, cette fois, un intrus amené par le hasard; j'étais, pour tout le monde, un ami de la maison, et plus encore, l'auteur d'un plaisir aussi vif qu'inattendu.

Mais là ne devaient pas se borner les incidents de cette mémorable matinée. Soit politesse de sa part, soit qu'elle eût réellement pris goût au genre du morceau que je venais d'exécuter, dona Mariannina, me pria de lui faire entendre encore quelque chose. Je n'avais rien à lui refuser, je jouai une polka. Nous étions alors en 1847, et je pensais naïvement que cette sorte de danse n'était pas encore parvenue jusqu'à la plage de Mergellina. Mais je me trompais étrangement. Quand Paris a adopté une mode, un système politique, un plaisir, où ne vont pas cette mode, ce système, ce plaisir! Je vis donc se renouveler les magiques effets produits par ma valse. Dès la seconde reprise, polkeurs et polkeuses s'élancent joyeusement de leurs sièges, et un nouvel acte vient s'ajouter à la bizarre comédie dont le hasard m'a fait l'occasion. Je voulus cette fois combler les désirs de mes ardents Napolitains, et je ne cessai de jouer que lorsque je les vis tous hors d'haleine.

Sans la crainte d'être indiscret, je me serais abandonné longtemps encore au charme piquant de cette agréable réunion ; mais il y a des bornes à tout. Peu d'instants après cette polka, je m'approchai de don Gaspare, et après l'avoir vivement remercié de son aimable accueil, je lui annonçai l'intention de me retirer.

« — Du tout! du tout! me dit-il, vous ne partirez pas ainsi! Ecoutez-moi : il est midi, dans un instant nous allons nous mettre à table ; restez à dîner avec nous; nous finirons la journée ensemble, comme nous l'avons commencée.

« — Oh! quant à cela c'est impossible! m'écriai-je en songeant de nouveau à l'indécence de ma tenue. Je suis attendu à Naples ; j'y ai des affaires.... un rendez-vous ; bref, je n'ai que le temps de me sauver. » Et, malgré les instances de ce brave homme, je m'esquivai après avoir présenté mes respects à la marquise, à dona Mariannina, et avoir salué toute la compagnie.

« — A propos, mon cher Monsieur, me dit don Gaspare en me reconduisant, comment donc vous appelez-vous?

« — Ah! c'est trop juste! » et je lui remis aussitôt ma carte, qu'il reçut en échange de la sienne. Cette dernière était en papier de gomme rose ; on y lisait, imprimé en lettres d'or : GASPARE REYES. Au coin de cette carte se trouvaient des armoiries gravées également en or. Je ne saurais dire si elles remontaient à l'époque des croisades ; mais je les trouvai suffisantes pour me rassurer contre la crainte de m'être fourvoyé en mauvais lieu.

Après cette formalité, je renouvelai à don Gasparo tous mes remerciements, et me sauvant cette fois pour tout de bon, je ne m'arrêtai qu'après avoir perdu de vue ce palais enchanté.

. . . . . . . . . . . . . . . . . . . . . . . . . . . . . . . . . . . . . . . .

— Et oncques depuis ne revîtes le prêtre de Sainte-Marie-du-Part et sa nièce?

— Vous êtes fort impatiente, Madame. Je les revis si bien qu'un mois après cette rencontre, don Gasparo m'appelait par mon nom de baptême tout court....

— Ah! ah! Et sa nièce?

— Six semaines plus tard, il me tutoyait....

— Oh! oh! Mais sa nièce?

— Et le troisième mois n'était pas achevé, qu'il m'offrait une place à sa table et une chambre dans son appartement.

— Ah! nous y voilà donc! Et vous avez accepté avec empressement?

— J'ai refusé: cette chambre était à côté de celle de sa nièce.

## V.

# La Villa-Reale.

Quand je fus descendu sur la plage de Mergellina, j'étais comme un homme qui vient de s'éveiller après un rêve mêlé de circonstances bizarres, impossibles, et qui cherche à se reconnaître au milieu du tumulte d'idées incohérentes qui assiègent son cerveau. Je me demandais si je n'étais pas le jouet d'une hallucination, si les souvenirs qui se pressaient dans mon esprit appartenaient au monde réel ou à l'empire des songes. Une église et un salon, un prêtre et une jeune femme, une tombe et un piano, passaient à la fois devant mes yeux comme un kaléidoscope magique où bal, messe, mausolée et musique se mêlaient dans une étrange confusion.

En y réfléchissant, je finis par me convaincre que je n'étais pas dupe de mon imagination, et que ni don Gaspare, ni sa nièce, ni ses voisins, n'étaient des êtres fantastiques. Je ne pus me défendre d'en éprouver quelque satisfaction. Mais elle fut de courte durée : les énormités de ma toilette me revinrent aussitôt à l'esprit ; et, tout honteux d'avoir été vu en pareil accoutrement, je me pris à accuser amèrement ma mauvaise fortune. Pourtant, je dois convenir qu'elle se défendait avec un certain succès :

— Sois juste, murmurait-elle à mon oreille, et loin de te plaindre, reconnais plutôt que tout est pour le mieux dans le meilleur des mondes possibles. Si tu n'avais pas revêtu ce costume contre lequel tu maugrées, tu ne te serais pas couché au pied du parapet de l'église Sainte-Marie-du-Part ?

— C'est vrai.

— Si tu ne t'étais pas couché au pied du parapet de l'église Sainte-Marie-du-Part, tu n'aurais pas fait la rencontre de don Gasparo ?

— C'est probable.

— Et si tu n'avais pas fait la rencontre de don Gaspare, tu n'aurais point passé une matinée charmante qui te prépare peut-être, pour tout le temps de ton séjour à Naples, les plus agréables relations?

— J'en conviens.

— Eh bien, alors, cesse donc d'accuser la destinée, et rends-lui plutôt des actions de grâces pour la faveur qu'elle vient de t'accorder. Toutefois, comme il ne faut abuser de rien, je t'engage à changer de costume au plus vite.

Le conseil était bon, je m'empressai de le suivre. Quelques heures après, je sortais de la *trattoria*, restauré, endimanché à mon tour, et infiniment mieux disposé que je ne m'étais senti depuis mon arrivée à Naples. L'épisode de la matinée avait adouci l'amertume des souvenirs qui me venaient de Rome; et ma pensée, absorbée par les péripéties de cette petite aventure, désertait peu à-peu les bords du Tibre pour la plage de Mergellina.

Etrange nature que la nôtre! Une circonstance en apparence indifferente, une rencontre comme on peut en faire tous les jours, n'avait pas seulement changé l'emploi de ma journée, elle avait donné un cours tout nouveau à mes idées. L'accueil affectueux de don Gasparo me tenait au cœur, la voix de sa nièce résonnait encore à mon oreille, et les horizons de la Ville éternelle s'effaçaient insensiblement devant ceux de l'ancienne capitale des Sirènes.

Tandis que je caressais par la pensée mille agréables perspectives, l'habitude m'avait fait prendre le chemin de la Villa-Reale. En y arrivant, je fus tout surpris de lui trouver un aspect plus animé, plus gai que de coutume. Je me souvins alors que nous étions au dimanche. Dans un pays où l'on attend rarement pour être oisif, qu'on ait le droit de ne rien faire, les jours fériés sont observés par tout le monde avec une fidélité facile à imaginer. Après les offices, dès que le soleil s'abaisse sur les pins qui couronnent le Pausilype, piétons, cavaliers, équipages, débouchent, pressés, innombrables, par la rue de Chiaja et le quai de Chiatamone, sur la place de la Victoria. Parmi ces équipages plus ou moins élégants, plus ou moins maigrement attelés, les uns versent à la grille de la Villa une foule élégante, les autres promènent sur les dalles de la Rivière de Chiaja leurs indolents propriétaires. Quatre lignes de voitures roulent alors au milieu de ce large cours; le trottoir réservé aux *sport's-men* se couvre de cavaliers; et de tous côtés volent et se croisent ces charmants petits saluts que les Italiennes jettent avec tant de grâce du bout de leurs doigts effilés.

Sillonnée par mille épuipages, bordée d'un côté par les arbres de la Villa-Reale, de l'autre par une longue rangée de palais, la Rivière de Chiaja offre à ce moment un magnifique coup d'œil. Mais ce beau cours laisserait à désirer si la Villa qui le suit parallèlement sur toute sa longueur, ne venait offrir ses délices à ceux qui par goût ou par nécessité se contentent de la promenade à pied. Quand j'y entrai, la foule se pressait autour d'un orchestre placé au milieu du jardin. Une musique militaire exécutait des morceaux d'opéra, des valses, des polkas; et de nombreux *dilettanti* goutaient sous l'ombrage, les charmes réunis de la fraîcheur du soir, de la promenade et de la musique.

Bientôt le jour commença à baisser; déjà même l'obscurité menaçait orchestre, auditeurs et promeneurs, quand soudain une vive clarté s'allume à l'extrémité de la grande allée: en quelques instants la Villa a reparu plus brillante, plus animée, sous les feux étincelants du gaz. Mais tandis qu'ici tout est lumière, quelques rayons discrets pénètrent seuls, à travers le feuillage, dans les allées latérales. C'est l'heure, toujours impatiemment attendue, des doux entretiens, des causeries intimes. A la faveur de cette clarté douteuse, quelques couples s'égarent dans les sentiers percés à travers les massifs; et là, charmés par d'invisibles accords, enivrés par les émanations de la mer et des fleurs, ils oublient la foule importune, et vont, loin du bruit, dérober leur bonheur aux regards jaloux.

Je n'eus garde, quant à moi, de troubler par ma présence les épanchemens amoureux de ces couples fortunés; il suffisait que j'eusse reconnu l'usage de ces complaisants bosquets pour m'en éloigner discrétement. Cependant, comme j'éprouvais le besoin de me recueillir un peu après les incidents variés de cette journée, je m'éloignai de la foule, et j'allai m'assoir au bord de la mer, sur le parapet qui sépare la Villa des grèves où la mer vient expirer.

Il faisait alors une de ces magnifiques soirées comme les pays méridionaux seuls peuvent en offrir. Tandis que à quelques pas, une foule distraite écoute, sous les feux du gaz, une musique bruyante et animée, autour de moi tout est calme, silencieux, solennel. L'épaisseur du feuillage me cache les lumières du jardin ; mais la lune resplendit au ciel, noyant dans un océan de clartés les étoiles pâlies à son aspect. Reflétés par les mille oscillations de la mer, ses rayons argentés promènent leur éblouissement de lame en lame, et tracent au milieu des eaux un sillage lumineux. A demi effacées sous cette teinte mélancolique, les montagnes semblent se confondre avec la mer, l'île de Caprée, seule, s'élève à l'horizon comme un vaisseau gigantesque mouillé à l'entrée du golfe. Une légère brise du nord rafraîchit délicieusement l'atmosphère; elle m'apporte, avec les senteurs de la Villa, les modulations indécises de l'orchestre. Ces harmonieux accords, adoucis par la distance, arrivent à mon oreille comme un chœur de Néréïdes, et le flot qui meurt à petit bruit sous mes pieds, répond par des soupirs plaintifs à ces accents mélodieux. Emerveillé par la splendeur des cieux, caressé par l'haleine parfumée des zéphirs, doucement bercé par une invisible harmonie, je cède au charme qui m'entraine, et oubliant à mon tour et la foule et le monde entier, je m'abandonne avec délices à l'extase où me plongent de si enivrantes sensations.....

Ravissante magie des souvenirs! Au moment où ma plume trace ces lignes, ma pensée revole avec bonheur vers ces fortunés climats, et j'assiste une fois encore à ces merveilleux spectacles qui durant tout un été étalèrent à mes yeux leurs féériques magnificences. Je crois voir, au milieu de ce paysage argenté par les pâles rayons de la lune, le Vésuve en courroux lançant dans les airs sa puissante gerbe de feux et le cône gigantesque du volcan sillonné par des rivières de lave ardente ; j'aperçois encore les lueurs incertaines du phare et les feux errants des pêcheurs de nuit qui glissent, rouges comme des foyers de fournaise, à la surface tremblante des eaux. Que ne puis je peindre ici l'effet magique de toutes ces lumières reflétées en sillons ondoyants sur la nappe de la mer? Que ne puis-je donner une idée du contraste saisissant de cette nature calme et sereine avec les convulsions de ce mont enflammé?.... Admirable pays! les jours y font oublier les nuits, les nuits y font oublier les jours. L'œil s'y promène de merveille en merveille, la pensée n'y trouve point de bornes à ses ravissements, l'âme émue et captivée s'oublie au milieu d'indicibles voluptés. Poétiques sirènes, invisibles protectrices de ces lieux, vous régnez toujours sur ces fortunés rivages! Rien n'a pu vous faire déserter ce séjour ; votre présence répand encore mille attraits sur ce golfe enchanté. Du sein de votre empire, vaste coupe d'or que festonne le pampre et qu'inonde l'azur, vous attirez toujours l'étranger sur vos bords ; mais, plus clémentes que vos mères, vous ne l'attirez que pour le charmer, et loin d'avoir à redouter vos séductions, il trouve parmi vous la santé, le bonheur. Heureux celui que son étoile conduit sur vos riants rivages! Plus heureux celui qui peut y planter sa tente et goûter à loisir vos ineffables beautés!....

. . . . . . . . . . . . . . . . . . . . . . .

Quand je songeai à quitter le parapet sur lequel j'étais assis, la musique avait cessé ; la foule s'était écoulée, le silence s'était fait dans la Villa. Malgré l'heure avancée, je ne pouvais me décider à rentrer chez moi. Ma vie, si triste et si monotone depuis quinze jours, venait de s'animer tout-à coup d'une manière aussi bizarre qu'inattendue, et tout entier au charme des souvenirs de la journée, je les repassais sans cesse dans mon esprit, comme si j'eusse craint de les voir s'évanouir. Quand l'idée de mon prochain départ me revint en mémoire, je m'étonnai presque de la résolution que j'avais prise, et, pour la première fois, je me demandai s'il n'y avait rien à Naples qui pût me retenir. Je me rappelai alors qu'à mon départ de Paris, un archéologue distingué par son mérite élevé et sa rare obligeance, M. Ernest Vinet, m'avait remis des lettres pour M. Bonucci, directeur des fouilles de Pompéia, et le chevalier Santangelo, frère du marquis Santangelo, ministre de l'intérieur. Je me souvins, en outre, du bon accueil qui m'avait été fait par la princesse Wolkonski, femme froide autant que peut l'être une Russe, mais au fond très-bonne et très-affectueuse. Adressé à cette dame par mes bonnes amies de Rome, j'avais rencontré chez elle une société charmante ; son salon, bigarré d'étrangers appartenant à toutes les nations, donnait à ses réunions un piquant intérêt. D'un autre côté, mes bénédictins m'avaient fait promettre de venir bientôt les voir à Palerme, à l'occasion des fêtes de sainte Rosalie, et mon ancien compagnon de voyage, le Père Matteo, s'était offert à m'y servir de *cicerone*. Enfin, pour compléter la série de ces attraits si subitement révélés, il me revint à l'esprit que, dans peu de jours, il ne tiendrait qu'à moi de prendre possession d'un petit appartement délicieux, situé en face du golfe, sur la Rivière même de Chiaja.

Il y avait là bien des éléments de distraction. Je n'en repoussai aucun ; décidé, au contraire, à profiter de tous ceux qui m'étaient offerts, je commençai à voir Naples sous un jour tout nouveau, et je crus désormais à la possibilité d'y passer agréablement quelques semaines. Quelques semaines!.... J'entrevoyais alors à peine les charmes d'un séjour que je ne devais quitter qu'au bout d'une année et les larmes aux yeux!

Quelle influence avait subitement modifié mes projets? Qui donc avait pu changer à ce point mes dispositions?... Ah! c'est vous, don Gaspare ; c'est vous aussi, dona Mariannina ; vous, dont le bienveillant accueil me réconcilia tout d'abord avec votre belle cité. C'ést vous qui m'avez fixé sur ces rives ; c'est à vous que je dois les jours heureux que j'y ai passés. Aujourd'hui, ce temps m'apparaît comme un songe, ce bonheur n'est plus qu'un souvenir ; mais votre mémoire est à jamais attachée à cette heureuse période de ma vie, et tant que ce souvenir fera battre mon cœur, les noms de don Gaspare et de dona Mariannina resteront mêlés aux plus douces impressions de mon voyage.

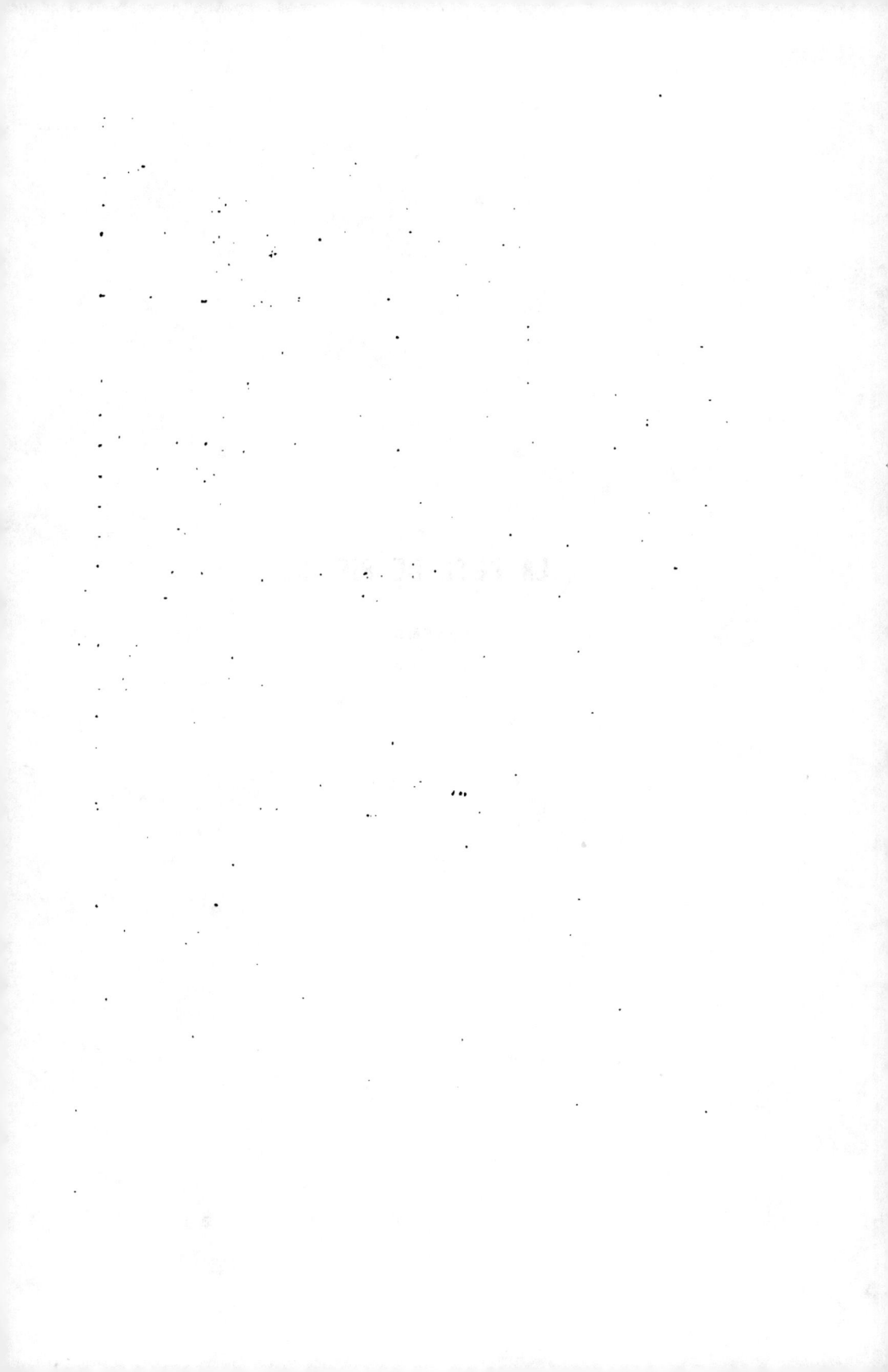

# LA FÊTE DE PIE IX.

## FRAGMENT.

# LA FÊTE DE PIE IX.

FRAGMENT.

*Rome, 26 décembre 1846.*

. . . . . . Incedo per ignes
Suppositos cineri doloso.

. . . . . . . . . . . . . . . . . .

. . . . . . . . . . . . . . . . . .

Nous venions de visiter l'admirable *casino* de la villa Borghèse, et j'étais rentré chez moi pour attendre le dîner, lorsqu'une heure environ après l'*Ave Maria*, c'est-à-dire, vers cinq heures et demie du soir, le bruit d'une rixe qui semblait s'être engagée dans la rue me fit ouvrir la fenêtre. N'entendant et ne voyant rien, j'allais la refermer, lorsque j'aperçus à l'extrémité de la rue de Condotti, une foule considérable qui suivait le Cours *(Corso)*, en se dirigeant du côté de la place de Venise. L'obscurité m'avait d'abord à peine permis de reconnaître cette masse confuse ; mais bientôt, des groupes nombreux portant des torches, vinrent éclairer la scène, et me laissèrent distinguer une longue file d'hommes marchant en bon ordre, aux acclamations de la population romaine qui, du haut des balcons, admirait cet imposant coup-d'œil.

Il y avait six semaines que j'habitais Rome ; j'étais à la piste de toutes les démonstrations, de toutes les fêtes ; aussi, quoique j'ignorasse complètement ce dont il s'agissait ; malgré un temps fort menaçant et les gros nuages noirs qui bordaient l'horizon, je n'hésitai pas à descendre pour me mêler aux curieux. A peine dans la rue, je rencontrai un grand nombre de personnes qui, pour arriver plus vite sans doute, avaient pris une rue latérale et suivaient la direction du cortège. Je me joignis à elles, résolu de me laisser conduire par la foule. Nous marchions au pas de course, et notre troupe, entraînant à sa suite tous ceux qu'elle rencontrait, faisait boule de neige et allait toujours grossissant. Nous avions complètement perdu de vue les torches et le cortège, et je commençais à me demander sérieusement où je courais avec tant d'empressement, lorsque la magnifique fontaine de Trévi se présenta à mes regards. Cette fontaine, située dans le voisinage du palais du Quirinal, me donna l'idée qu'il s'agissait d'une ovation à faire au Pape. Et, en effet, quelques instants après, la foule me déposait sur la place de *Monte-Cavallo*.

Cette place semblait déjà couverte de monde, et cependant les rues adjacentes y versaient incessamment des torrents de curieux. Les porteurs de torches n'étant pas encore arrivés, tout y était dans une profonde obscurité, et l'on n'entendait que ce bruit sourd et confus qu'on a justement comparé au murmure des vagues expirant sur les rivages de la mer. Quand je pus tenir un peu en place, j'interrogeai mes voisins sur le sujet de cette manifestation, et j'appris que le lendemain, vingt-sept décembre, était la Saint-Jean d'hiver, jour de la fête de Pie IX. L'élite de la jeunesse romaine, jalouse de profiter de toutes les occasions de déposer aux pieds du Saint-Père les témoignages de son affection et de son respect, s'était donné rendez-vous sur la place du Peuple. Vers cinq heures du soir, sept à huit cents jeunes gens, armés de torches, étaient partis de ce point, musique en tête *(colla banda)*, et ils s'acheminaient en ce moment vers le palais du Pape. Leur marche était fort lente, car ils s'arrêtaient fréquemment pour exécuter un morceau de musique ou chanter un hymne composé pour la circonstance. La population de Rome et tout ce que la Ville éternelle renfermait d'étrangers, se pressaient sur leurs pas, les uns par curiosité, les autres pour accomplir un pieux devoir, tous avec le désir de saluer de leurs acclamations le Pontife qui semblait appelé par Dieu à régénérer l'Italie et à rendre à l'ancienne maîtresse du monde une partie de son antique splendeur.

Un assez long retard, dans l'arrivée du cortège, me permit d'examiner en détail le spectacle qui m'entourait.

J'étais alors sur le mont Quirinal, le plus célèbre des monticules sur lesquels était assise la ville aux sept collines. Son nom, dérivé de *Quirinus*, et de *Curi*, ancienne ville sabine, reportait mes souvenirs aux temps héroïques de l'histoire romaine. Devant moi s'élevait le palais pontifical. Construit par le pape Grégoire XIII, vers le milieu du seizième siècle, cet édifice occupe, en partie, l'emplacement des thermes de Constantin. Successivement agrandi et embelli par tous les Papes qui l'ont habité, il n'offre rien de remarquable à l'extérieur, si ce n'est le grand balcon *(la loggia)* situé au-dessus de la porte d'honneur, et du haut duquel les Papes donnent la bénédiction. . . . . . . . . . .

. . . . . . . . . . . . .

En face de la résidence pontificale, s'élève le palais de la Consulte, auquel on arrive par un large escalier à deux branches. . . . . . . . . .

. . . . . . . . . . . . . .

Un autre côté de la place est occupé par le palais Rospigliosi. Suivant l'usage romain, ce palais est illuminé avec de grands cierges placés sur la balustrade du balcon principal, et, de chaque côté de la porte d'honneur, de petits tonneaux, remplis de bois résineux, jettent sur la façade une lueur vacillante.

. . . . . . . . .

Au centre de la place, s'élève une fontaine formée de trois œuvres d'art dont une seule, dans une autre ville que Rome, ce vaste musée, serait un trésor archéologique d'un prix inestimable. Ce sont un obélisque égyptien en granit rouge, trouvé près du mausolée d'Auguste; un bassin de granit oriental gris, de soixante-seize pieds de circonférence, d'une seule pièce, provenant du *Forum*; et enfin, deux magnifiques groupes d'hommes et de chevaux, de figure colossale, trouvés à la place même qu'ils occupaient dans les thermes de Constantin. Ces groupes, qui représentent Castor et Pollux domptant des chevaux, appartiennent à la meilleure époque de la sculpture grecque et sont attribués à Phidias et à Praxitèle. Un jet d'eau s'élance du milieu du bassin et complète cette magnifique fontaine pour la composition de laquelle l'Egypte, la Grèce et l'Italie semblent avoir rivalisé de génie et de goût.

Cependant les nuages s'étaient amoncelés au-dessus de nos têtes. Bien que nous fussions alors à la fin de décembre, le tonnerre grondait, et des éclairs, rares d'abord, puis plus nombreux et plus vifs, venaient, à de courts intervalles, sillonner l'obscurité; il semblait que le ciel voulût, en embrasant l'horizon de ses feux, apporter à cette fête sa formidable illumination. En jetant les yeux sur cette immense multitude, on n'apercevait d'abord qu'une énorme masse noire s'agitant confusément; puis tout-à-coup, un éclair éblouissant, passant sur nos têtes comme un souffle lumineux, faisait sortir de terre tout un monde d'hommes, de femmes, de maisons, de palais, qui s'évanouissaient aussitôt sous une profonde et impénétrable obscurité.

Pendant que j'observais cette fantasmagorie grandiose, la pluie avait commencé à tomber, et la place s'était, en un instant, couverte d'une immense carapace de parapluies. Soudain, une fanfare se fait entendre ; un mouvement s'opère dans la foule, et tous les regards se tournent du côté d'où viennent les sons. Bientôt une lueur, faible d'abord, et plus vive ensuite, nous annonce l'arrivee du cortège. A ce moment, ceux qui ne sont point munis du prosaïque mais utile préservatif contre l'inclémence du temps, s'écrient de tous côtés : *Più d'ombrelli! più d'ombrelli!* (A bas les parapluies!) ; les parapluies résistent ; et un conflit allait peut-être s'engager entre le parti de la prudence et celui de l'imprévoyance, quand le ciel qui décidément était de la partie, mit fin au débat en détournant, pour quelques instants, ses cataractes menaçantes. Les parapluies ayant disparu, nous vîmes arriver successivement trois groupes de jeunes gens portant des torches et précédés de musiques, de drapeaux et de bannières revêtues d'inscriptions en l'honneur du Pape. Il ne leur fallut pas moins d'une demiheure pour parvenir à percer la foule et se ranger devant le palais. Les trois musiques s'étant réunies au centre, les drapeaux et les bannières se placèrent sur une ligne faisant face au balcon pontifical ; puis on développa un vaste étendard sur lequel on avait écrit en lettres assez grandes pour que le pontife pût les lire : PIE IX EST ET SERA TOUJOURS L'IDOLE DE SON PEUPLE. Un groupe de torches, suffisant pour l'éclairer, fut placé de chaque côté de cet étendard.

Ces dispositions terminées, les nouveaux arrivés poussent tous ensemble le cri de : *Viva Pio nono!* Ce cri, répété aussitôt par vingt mille bouches, s'élève dans les airs, comme une voix immense qui dut faire tressaillir le Saint-Père dans ses appartements. Tous les yeux se fixent alors sur le balcon du palais. Peu d'instants après, un autre cri se fait entendre, et la foule, en proie à une impatience contenue, semble n'avoir plus qu'une seule pensée, qu'un seul regard. Cependant le balcon sacré, obscur et silencieux, éclairé seulement par la lueur vacillante des torches, semble sourd aux cris de la foule. Le cri de : *Viva Pio nono* avait été plusieurs fois répété, et je commençais à trouver que le Saint-Père se faisait un peu attendre, quand tout-à-coup, une légère lueur brille à travers les persiennes du balcon. La fenêtre s'ouvre aussitôt avec fracas ; deux valets de chambre portant des flambeaux se placent de chaque côté de la balustrade ; d'autres disposent des tapis et des coussins, et Pie IX apparaît suivi de quelques dignitaires de l'Église.

A peine le Pape a-t-il mis le pied sur le balcon, que, de tous les coins de la place et du fond des rues adjacentes, s'élèvent, immenses et prolongés, de nouveaux cris de : *Viva, evviva Pio nono!* Des applaudissements frénétiques se font entendre, les mouchoirs et les chapeaux s'agitent de tous côtés. Au même instant, les sommets des palais environnants s'embrasent comme par enchantement ; des feux de Bengale, allumés de toutes parts, viennent lutter d'éclat avec les éclairs et leur disputer l'honneur d'éclairer ce tableau. Un feu d'artifice éclate au-dessus du palais de la Consulte, et une musique brillante vient mêler ses accords aux accents de la foule transportée.

A ce moment, le vénérable pontife était beau à voir. Vivement touché de cette scène, ému jusqu'au fond de l'âme des témoignages d'affection dont il était l'objet, il manifestait sa reconnaissance par les gestes les plus expressifs. Tantôt, portant les mains sur son cœur, il promenait sur la foule qui s'agitait à ses pieds, des regards pleins de gratitude et de bienveillance; tantôt, levant les yeux vers le ciel, il semblait prendre Dieu à témoin de l'allégresse de son peuple, et lui offrir des actions de grâces pour le bonheur dont son âme était inondée.

Après quelques instants laissés à l'émotion, quand les acclamations et la musique eurent cessé, le silence fut réclamé. Une voix s'éleva de la foule, et s'adressant au Pape : « Que le ciel, lui dit-elle, t'accorde de longs » jours, afin que, longtemps encore, nous puissions jouir » du bonheur de t'avoir pour souverain ! » Le Pape s'inclina à plusieurs reprises en signe de remerciement, et un immense *viva !* accueillit l'expression de ce vœu. D'autres voix s'élevèrent pour complimenter le pontife, et mille bouches s'ouvraient pour lui adresser des félicitations, quand le silence fut demandé de nouveau au nom du Saint Père. Tous se turent aussitôt, et en quelques secondes on n'entendit plus, sur la vaste place, que le léger bruit des eaux de la fontaine s'élançant en jet rapide du bassin de granit pour y retomber en pluie. Le Pape alors s'agenouilla ; puis, les mains jointes et les yeux levés vers le ciel, il entonna d'une voix émue le *Veni Creator*. Découverte et inclinée, la foule répondait avec recueillement à chaque verset de l'oraison. Quand la prière fut achevée, le pontife étendit les bras vers le ciel et s'écria avec un saint enthousiasme : *Sit nomen Domini benedictum!* A cet instant, tout le monde tomba à genoux. Alors, étendant sur nous ses doigts sacrés, il ajouta avec ferveur : *Et benedicat vos!* et la foule répondit d'une seule voix : *Amen!*....

De ma vie je n'oublierai cet instant solennel. Ces palais élevés sur les ruines d'un autre monde, ce Quirinal, jadis témoin de la grandeur romaine, puis le berceau et l'âme de la catholicité ; la voix de ce vieillard tombant du balcon séculaire sur la multitude prosternée à ses pieds, tout concourait à faire de cette démonstration touchante un de ces émouvants spectacles qui se gravent à jamais dans la mémoire.

Cette cérémonie terminée, la foule se relève et salue par de nouvelles acclamations le pontife qui vient d'appeler sur elle les bénédictions célestes. Des fanfares joyeuses retentissent, de nouveaux feux de Bengale embrasent la place, et des reflets d'un rouge éclatant inondent à la fois hommes, monuments et palais. Ces grands édifices aux balcons chargés de curieux, ces larges escaliers couverts de monde se peignent alors de teintes de feu ; les chevaux de Phidias et de Praxitèle semblent s'animer et s'élancer dans l'espace ; les eaux de la fontaine prennent une couleur étrange, et tous les objets, grandis par une demi-obscurité et les vacillations de la flamme, revêtent des proportions gigantesques. La musique, les cris de la foule achèvent de donner à cette scène un aspect féerique, et pendant quelques instants, je me crois transporté dans des régions fantastiques.

Il n'en était rien cependant, et je ne tardai pas à rentrer dans le monde réel. Après avoir de nouveau exprimé sa reconnaissance et reçu de nouvelles acclamations, Pie IX se retira dans ses appartements. Aussitôt la musique cesse, les feux de Bengale s'éteignent, les torches disparaissent, la foule s'écoule en silence, et bientôt un calme profond règne sur cette place qui vient d'être le théâtre de si vives manifestations. Une foule immense avait parcouru une rue d'une demi-lieue de longueur; vingt mille personnes s'étaient réunies spontanément et venaient de se séparer de même, sans qu'aucun accident, sans que le moindre trouble eût attristé la fête. Chacun se retirait content de sa soirée; tous emportaient dans leur cœur la satisfaction qui suit toujours l'accomplissement d'une bonne action, d'un pieux devoir: ils venaient de souhaiter la fête à Pie XI, leur souverain.

La pluie, complément obligé de toutes les fêtes pendant mon séjour à Rome, ne tarda pas à tomber avec abondance. Ce nouveau rappel à la vie réelle me fit souvenir que je n'avais pas dîné; c'était une raison de plus pour hâter le pas, et je rentrai chez moi l'estomac creux, mais la tête pleine.



FIN.

# TABLE DES MATIÈRES.

# TABLE DES MATIÈRES.

FIN DE LA TABLE.

www.ingramcontent.com/pod-product-compliance
Lightning Source LLC
Chambersburg PA
CBHW070623100426
42744CB00006B/586
* 9 7 8 2 0 1 2 1 7 2 7 4 6 *